北京市哲学社会科学研究基地智库报告系列丛

首都高端智库报告

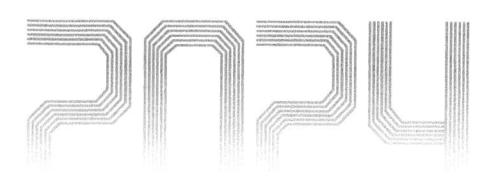

中国(北京)自由贸易试验区
语言服务蓝皮书

栾 婷 贾冬梅 刘重霄 等 ◎ 著

首都经济贸易大学外国语学院北京自贸区语言服务研究中心
首都经济贸易大学特大城市经济社会发展研究院

首都经济贸易大学出版社
Capital University of Economics and Business Press
·北 京·

图书在版编目（CIP）数据

中国(北京)自由贸易试验区语言服务蓝皮书. 2024 / 栾婷等著. -- 北京 : 首都经济贸易大学出版社, 2024.8. -- ISBN 978-7-5638-3754-0

Ⅰ. H059；F752.81

中国国家版本馆 CIP 数据核字第 2024GU9107 号

中国（北京）自由贸易试验区语言服务蓝皮书（2024）
ZHONGGUO（BEIJING）ZIYOU MAOYI SHIYANQU YUYAN FUWU LANPISHU（2024）
栾　婷　贾冬梅　刘重霄　等著

责任编辑	杨丹璇
封面设计	砚祥志远·激光照排　TEL: 010-65976003
出版发行	首都经济贸易大学出版社
地　　址	北京市朝阳区红庙（邮编 100026）
电　　话	（010）65976483　65065761　65071505（传真）
网　　址	http://www.sjmcb.com
E - mail	publish@cueb.edu.cn
经　　销	全国新华书店
照　　排	北京砚祥志远激光照排技术有限公司
印　　刷	北京九州迅驰传媒文化有限公司
成品尺寸	170 毫米 ×240 毫米　1/16
字　　数	241 千字
印　　张	14.75
版　　次	2024 年 8 月第 1 版　2024 年 8 月第 1 次印刷
书　　号	ISBN 978-7-5638-3754-0
定　　价	72.00 元

图书印装若有质量问题，本社负责调换
版权所有侵权必究

前言

在全球化浪潮席卷世界的今天，语言作为沟通的桥梁与文化的载体，其重要性不言而喻。随着"一带一路"倡议的深入实施和中国对外开放的不断扩大，北京作为中国的首都和国际交往中心，其语言服务需求日益凸显，特别是在中国（北京）自由贸易试验区（以下简称"北京自贸区"）这一国家对外开放的新高地上，语言服务的作用更加关键。

北京自贸区，作为推动高水平对外开放、促进经济高质量发展的重要平台，其建设与发展不仅要求有与国际接轨的高标准市场体系的支撑，更离不开高效、精准、多元化的语言服务的支持。语言服务不仅是国际贸易、投资合作的润滑剂，也是文化传播、教育交流、科技创新等领域国际合作的重要基础。因此，深入研究北京自贸区的语言服务需求、现状、挑战与机遇，探索构建适应自贸区发展需要的语言服务体系，对于促进北京乃至中国更深层次、更高水平的对外开放具有重要意义。

《中国（北京）自由贸易试验区语言服务蓝皮书（2024）》聚焦语言景观研究。语言景观是语言学、社会学、文化学等领域的重要研究内容，有助于深入了解一个地区或社会的语言多样性，帮助人们更好地认知和理解不同语言及其背后的文化，促进跨文化交流和理解。其中，城市语言景观是展示城市文化特色和文明发展程度的重要窗口。优化和提升城市语言景观，可以提升城市的整体形象和品位，增强城市的吸引力和竞争力，提升城市的文化软实力和影响力。本书首先对语言景观研究现状做了综述，介绍了本书中提到的主要研究理论与研究方法。其次通过11个分报告，对北京地区多方面的语言景观做了细致分析与调研，如北京中央商务区（CBD）、博物馆、医院、机场、火车站、寺院庙宇等实地的语言景观，北京自贸区官网、博物馆官网、机场官网与小程序等虚拟语言景观。此外，还涉及北京丽泽金融商务区与北京CBD的媒体宣传策略及对语言智能新基建支持北京自贸区数字经济发展的理论探讨。希望通过本研究，以点带面，梳理北京自贸区语言景观与语言服务的发展现状，分析其在促进国际经贸合作、优化营商环境、加强文化交流等方面的重要作用。同时，针对当前存在的问题与不足，通过案例分析、数据对比、专家访谈等多种研究方法，提出切实可行的对策建议，力求为政府决策、企业运营、学术研究提供有价值的参考。

随着北京自贸区的持续建设与发展，语言服务将扮演更加重要的角色。但语言服务的提升是一个系统工程，需要政府、企业、高校、研究机构及社会各界的共同努力。因此，本研究积极倡导建立多方参与的语言服务合作机制，促进相关领域的交流与合作，推动形成语言服务产业生态圈，共同推动北京自贸区乃至全国语言服务行业的繁荣发展，也为构建人类命运共同体贡献智慧与力量。

最后，衷心感谢所有参与本著作编写工作的专家、学者、企业代表及学生，是你们的辛勤付出与宝贵意见，让这份研究成果得以呈现。同时，也期待社会的广泛关注与支持，共同推动北京自贸区语言服务事业的蓬勃发展。

目录

第一篇　总报告

语言景观研究文献综述……………………………………… 3
语言景观研究的主要理论与分析模型…………………… 7

第二篇　分报告

北京自贸区官网语言景观调查研究
——基于对比视角…………………………………… 15
北京中央商务区语言景观调查研究……………………… 32
新兴高端商务区的媒体宣传策略
——北京丽泽金融商务区与北京中央商务区的
对比研究……………………………………………… 54
语言智能新基建支持北京自贸区数字经济发展
研究设计……………………………………………… 78
博物馆实地语言景观调查报告
——以北京地区 18 家国家一级博物馆为例 …………… 88

博物馆虚拟空间语言景观调查报告
——以北京地区 32 家博物馆网站为例 …………… 107

语言服务视角下城市医疗语言环境建设研究
——北京市涉外医疗语言服务现状调查………… 124

首都医科大学附属北京儿童医院语言服务现状
调查研究……………………………………………… 136

首都国际机场与大兴国际机场的语言景观与语言
服务调查研究………………………………………… 158

场所符号学视阈下丰台区三所火车站的语言景观研究 … 179

寺院庙宇语言景观研究
——以雍和宫为例…………………………………… 197

参考文献……………………………………………… 221

第一篇
总报告

语言景观研究文献综述

栾 婷

(首都经济贸易大学外国语学院,北京,100070)

一、引言

语言景观作为社会语言学研究的一个重要分支,近年来吸引了越来越多的学者关注。在全球化的大背景下,语言现象越发复杂多样,尤其是在城市公共空间中,各种语言标牌所构成的语言景观不仅反映了语言的多样性,也蕴含了丰富的社会文化内涵,体现了社会群体的语言使用习惯、身份认同和文化传承。本文旨在对语言景观研究领域的文献进行综述,分析其主要研究方法,并探讨其发展前景与挑战。

二、语言景观研究的主要内容

语言景观研究主要围绕公共空间中各类语言标牌的象征意义展开,涉及语言学、社会学、地理学、人类学等多个学科。Landry和Bourhis(1997)在《语言景观与民族语言活力——一项实证研究》中首次提出了语言景观的概念,并将其界定为"出现在公共路牌、广告牌、街名、地名、商铺招牌以及政府楼宇的公共标牌之上的语言共同构成某个属地、地区或城市群的语言景观"。这一定义为后续研究奠定了坚实的基础。根据标牌的性质和用途,语言景观还可分为不同的类型,如官方语言景观、商业语言景观、教育语言景观等。

在语言景观研究中,学者们主要关注以下几个方面的研究内容:

(一)多语言使用现象

随着全球化的深入发展,城市公共空间中的语言标牌日益多元化。学者们通过调查不同地区的语言景观,分析多语言使用的特点、规律及其对社会文化的影响。例如,张媛媛、张斌华(2014)研究了澳门语言景观中的多语状况，通过收集1 391个语言景观有效样本，得出澳门语言景观中多语样本占54.5%，以中英、中葡、中英葡语为主。Zhang和Chan（2017）研究了澳门海报的多语言景观。俞玮奇、王婷婷和孙亚楠（2016）以北京望京和上海古北为例，研究了国际化大都市外侨聚居区的多语景观实态。黄斌兰、李亮和刘儒清（2018）研究了广西南宁市多语景观实态。戴朝晖（2024）以上海旅游景观为例，研究了语言景观翻译中的超语实践。

（二）语言政策与规划

语言景观是语言政策与规划在公共空间中的直接体现。政府通过制定和实施语言政策，规范公共空间中的语言使用，促进语言的平等与和谐。学者们通过对语言景观的考察，可以揭示出不同国家、不同地区的语言政策取向，进而评估其效果和影响。

（三）族群认同与文化传承

语言景观不仅是语言的展示，更是族群认同和文化传承的重要载体。学者们通过分析语言景观中的语言选择、使用频率等因素，可以深入了解不同族群的文化差异和身份构建过程，探究不同族群之间的文化认同和传承情况。例如，刘剑（2024）考察了殖民背景下近代都市大连的语言景观，通过留存下来的图片资料，探讨殖民地居民的身份认同问题。

（四）语言景观与社会变迁

语言景观随着社会的变迁而发生变化。随着城市化进程的加速和全球化的深入，语言景观呈现出多样化、复杂化的趋势。研究语言景观的变迁过程，可以揭示社会变迁对语言使用的影响，以及语言在适应社会变迁中的变化和调整。例如，李贻（2014）通过对比2008年和2011年收集的数据，分析了广州市北京路商业步行街的语言景观变化，发现双语标牌数量明显增加，北京路语言景观的全球化倾向日趋明显。彭国跃（2015）从历史社会语言学的角度，对上海南京路上一百多年间的语言景观进行了历时考察，揭示了社会环境与城市语言景观之间的相互关联。

（五）语言景观与跨文化交流

语言景观是跨文化交流的重要媒介。在全球化背景下，不同文化之间的交流和融合成为必然趋势。研究语言景观在跨文化交流中的作用，可以了解不同文化之间的语言使用习惯和沟通方式，促进文化间的相互理解和尊重。

例如，边婷婷、晁亚若（2024）研究了韩国语言景观中的汉字分布及其意义表征，得出了"汉字语言景观在结构化的主体行动中创造和传播属于自己的意义，与其他语码实现了有效互动，并实现历史的、传统的和庄重的语言生态占位，而其中潜藏着群体'集体无意识'的认同，又反过来作用于当代韩国社会景观的设立与构建，是不同文化层垒堆积交融转化的结果"的结论，充分反映出语言景观在跨文化交流过程中可提供的特殊视角。

三、语言景观的研究方法

语言景观的研究方法主要有实地调查法、文献研究法、量化分析法、质性分析法、比较研究法等。

（一）实地调查法

实地调查法是语言景观研究的基本方法。研究者通过实地观察、拍摄、记录等手段，收集公共空间中的语言景观数据，了解不同地区的语言使用情况和文化特色。实地调查法具有直观性、真实性和可操作性强等优点，能够直接反映语言景观的实际情况。

（二）文献研究法

文献研究法是语言景观研究的重要方法。研究者通过查阅相关文献、资料、报告等，了解语言景观的历史演变、政策背景、文化特色等方面的信息。文献研究法有助于研究者从宏观上把握语言景观的发展趋势和规律，为实地调查提供理论支持。

（三）量化分析法

量化分析法是语言景观研究的一种重要手段。研究者通过对收集到的语言景观数据进行统计分析，了解不同语言在公共空间中的分布和使用情况，揭示语言使用的规律和趋势。量化分析法具有客观性和可重复性等优点，能够为语言景观的研究提供有力的数据支持。

（四）质性分析法

质性分析法是语言景观研究的另一种重要手段。研究者通过对语言景观的深入分析和解读，了解语言背后的社会文化含义和族群认同。质性分析法注重研究者的主观体验和感受，有助于挖掘语言景观的深层次意义和价值。

（五）比较研究法

比较研究法是语言景观研究的一种重要方法。研究者通过对比不同地区、不同文化背景下的语言景观，了解不同社会群体在语言使用上的共性和差异，揭示语言景观与社会文化之间的关系。比较研究法有助于拓宽研究视野，提高研究的深度和广度。

四、语言景观研究的发展前景与挑战

随着全球化进程的不断加速和城市化水平的不断提高，语言景观研究面临着广阔的发展前景。然而，语言景观研究也面临着一些挑战。例如，如何更准确地界定和分类语言景观？如何更深入地揭示语言景观背后的社会文化含义？如何更有效地将研究成果应用于语言政策与规划实践中？这些都是未来研究需要重点关注的问题。

语言景观研究作为社会语言学研究的一个重要分支，具有重要的理论价值和实践意义。通过对语言景观的深入研究，我们可以更好地了解城市公共空间中的语言使用情况、语言政策与规划的实施情况以及族群认同和文化传承情况等问题。未来研究需要在已有基础上进一步深化理论探索和方法创新，为推动社会语言学的发展做出更大的贡献。

语言景观研究的主要理论与分析模型

栾 婷

(首都经济贸易大学外国语学院,北京,100070)

一、场所符号学理论

(一)背景

基于语言景观研究的跨学科性,众多学者都试图在不同领域构建语言景观研究的理论框架。Floriau Conluas从历史学领域对纪念碑上的古文字进行研究。Sposky和Cooper提出了公共标牌语言选择条件理论。Ben Rafei和Shohamy则运用社会学理论对以色列公共空间象征性建构进行研究。Scollon和W. Scollon借鉴了Kress和van Leeuwen的视觉符号框架,在其代表性著作 *Discourse in Place: Language in the Material World* 中提出了场所符号学(place semiotics)理论,建立了语言景观研究领域最为系统和重要的理论框架。

(二)主要内容

场所符号学理论也被称为地理符号学理论,包含语码取向、字刻、置放等要素,探讨如何在物质世界中具体使用语言。该理论在语言景观研究中的应用主要涉及用语言景观代表语码的社会地位、空间组织与社交互动的关系和标牌的置放方式所体现的意义。语码取向指含有两种及以上语种的标识牌中不同语种的排列位置所暗含的主次地位,语言景观中主要语码优先位于相对中心位置、顶端或左侧;字刻指语言景观的信息呈现方式,包括材料、字体和状态变化等;置放是场所符号学理论最根本的要素,关注语言景观是否被社会认可及其所内含的区域空间意义。

场所符号学理论视角的研究主要从语言景观所体现的优势语言、语言标牌呈现方式的标准性以及该语言景观是否能够得到社会认可三个角度进行研究,并且场所符号学理论视角的研究对象以街区或景区标牌为主,主要原因在于街区或景区语言景观的信息功能尤为突出,其规范化和表现形式能够在一定程度上展现区域的特色和发展程度。

（三）意义与影响

场所符号学理论为研究语言标牌的意义提供了一个完整框架，指明了语言景观研究的切入点和着眼点。之后，众多学者以场所符号学理论为指导，开展了相关实证研究。例如，柳瀚清（2024）探讨了在场所符号学理论视域下虚拟语言景观在应急语言服务中的应用。该研究分析了虚拟环境中语言景观的符号作用，表明通过合理设计和使用虚拟语言景观，可以有效提高应急响应的效率和准确性，并提出了利用虚拟语言景观提升应急语言服务质量的方法和策略。

夏乐（2020）以合肥市为例，基于场所符号学理论对城市轨道交通中的语言景观进行了详细分析。该研究揭示了轨道交通语言景观中的符号选择、语言使用及其社会文化背景。研究结果显示，语言景观不仅是信息传递的工具，还承载了丰富的文化内涵和社会价值。夏乐建议通过加强多语言标识和文化符号的合理配置，提升轨道交通系统的文化包容性和服务质量。

张玉蓉（2023）对古隆中风景区的旅游语言景观进行了调查研究，结合场所符号学理论和文化资本理论，分析了景区语言景观中的符号系统及其文化意义。研究发现，景区的语言景观在旅游体验和文化传承方面起到了重要作用。张玉蓉提出，通过优化景区语言景观设计，可以提升游客的文化认同感和满意度，同时促进地方文化的保护和传播。

罗圆和徐茗（2022）在符号经济视角下，对文化创意街区的语言景观进行了实证研究，结合场所符号学理论和文化资本理论，分析了街区内语言景观的符号意义和经济效应。研究表明，合理设计和利用语言景观，可以提升文化创意街区的文化吸引力和经济价值。

潘红英（2022）基于场所符号学视域，对云冈石窟的语言景观进行了研究，分析了石窟内外语言标识的符号意义和文化背景。研究发现，云冈石窟的语言景观不仅反映了历史文化的传承，还在当代旅游中发挥着重要作用。潘红英提出，通过科学规划和管理语言景观，可以更好地保护和展示文化遗产，提升旅游体验，发挥教育功能。

二、语言景观分析的 SPEAKING 模型

（一）背景

SPEAKING模型由社会语言学家德尔·海姆斯（Dell Hymes）在20世纪70年代提出，最初用于分析交际事件中的语言使用情况。海姆斯从人类交际文化学视角出发，研究人类言语活动的交际效率，认为言语活动的主要构成要素可以用8个字母来表示，从而形成了SPEAKING交际模型。随着语言景观研究的兴起，SPEAKING模型被应用于语言景观分析，以帮助理解公共空间中的语言使用和符号传递。

（二）主要内容

S代表背景与场合（setting and scene），即交际的时空背景和情境环境；P代表参与者（participants），包括说话人、听话人等；E代表目的（ends），指的是交际的目标及期待的结果；A代表行为次序（art sequence），指交际中言语行为与事件发生的形式和顺序；K代表基调（key），指交际中的语气、表情、姿态等；I代表媒介（instrumentalities），即交际的传播形式和风格；N代表规约（norms），指交际时需遵守的各种社会规则；G代表体裁（genre），即言语行为或事件的类型。

（三）意义与影响

SPEAKING模型可以作为语言景观研究的分析框架，全面分析语言景观的语言形式、与语境之间的关系、创设人的动机、读者的反应等，有助于梳理语言手段与社会意义之间的多重关系。具体来说：①在背景与场合方面，语言景观研究可以考察标牌放置的即时语境（即标牌相对于读者的时空方位）所构建的社会意义；②在参与者方面，语言景观研究要考察标牌的创设者和面向的受众分别是谁；③在目的方面，研究者要考察语言标牌的普遍功能，如广告牌的功能在于推销或推广产品、服务或活动，而街牌的功能在于标明街道名称；④在行为次序方面，要考察语言条目的空间组织方式，包括语言排列的先后顺序、凸显程度、信息呈现等；⑤在基调方面，语言景观研究要考察文字密度、信息的明确程度及语码选择；⑥在媒介方面，语言景观研究可以探究词汇选择、正词法、句法等语域层面的问题，也可以考察语码转换和语码混合等语码层面的问题；⑦在规约方面，

要考察语言标牌设计是否与当地的语言政策、城市发展动机相符，规约包括交际规约和理解规约，其中交际规约因社会阶层、年龄、种族和言语社区的不同而不同，而理解规约指的是行为和特征的具体意义；⑧在体裁方面，研究者可按标牌的类型（如路牌、广告牌、布告、传单、海报）进行分类研究。

（四）相关研究

李稳敏、胡锦钰（2024）基于SPEAKING模型，选取模型中的S、P、N三个要素，对比2022版及2023版北京城市轨道交通线网图，深入分析北京地铁双语站名语言景观。研究发现，北京地铁双语站名语言景观表达与语言服务质量、语言权势、身份认同及意识形态相关，但存在不统一、不规范等实际问题，并从语言服务质量的提升和象征功能的体现两个方面对该问题提出针对性修改建议，以规范北京地铁双语站名语言景观表达。

靳亚铭、孟鑫蕊（2023）对唐山市滦州古城的语言景观现象进行定量、定性分析，以SPEAKING模型为切入点，重点关注语言语码以及语言景观参与者和文本的互动关系，从多角度对古城景区的标牌语言进行深入剖析。研究结论显示，滦州古城的语言景观呈现出国际化、多元化趋势，且"作者""读者"和文本的互动关系明显。该研究系统总结了滦州古城语言景观使用的优势及不足，以期为景区的国际化改进和国家及地区语言政策的调整提供参考意见。

王璐（2021）以SPEAKING模型为框架，结合田野调查法、访谈法、统计法，考察南京夫子庙历史文化街区的语言景观现状，探析语言标牌的"作者""读者"和文本的互动关系。研究发现，夫子庙官方和私人标牌的语码选择与取向存在差异，反映不同语言的权势地位和活力水平。官方标牌的"作者""读者"和文本的互动明显，标牌充分发挥了信息和象征功能，但译写中存在中式英语的现象。私人标牌的三者互动不足，标牌译写欠佳，未能突显商家的经营特色和游客的消费需求。

三、Trumper-Hecht 三维分析模型

（一）背景

Trumper-Hecht三维分析模型由以色列学者Trumper-Hecht在21世纪初提

出,旨在分析多语言、多文化环境中的语言景观。Trumper-Hecht三维分析模型来源于Lefebvre（1991）的空间生产理论。Lefebvre（1991）将各个群体在相互制约、权衡及追逐各自利益的政治过程中形成的社会产物视为空间,认为社会空间是被生产出来的,同时也是社会关系和社会结构再生产的重要载体,并从后现代视角出发探寻空间的社会性和空间得以产生的政治经济因素。Lefebvre的社会空间概念包括空间实践、构想空间和生活空间。空间生产理论作为一种新的视角,是城市研究领域中分析城市规划意识形态和技术的模型之一,成为社会学研究的新热点。

（二）主要内容

Trumper-Hecht（2010）认为语言景观也可以参照空间生产理论加以解析,将其分为三个维度:"构想空间"作为政治维度,探析塑造语言景观的不同政策制定者所表达的观点和意识形态;"空间实践"被视为语言景观的实体维度,对语言景观进行语料搜集和观察分类,分析其分布规律;"生活空间"被视为体验维度,考察语言使用者对语言景观的态度、理解和接受程度。

（三）意义与影响

Trumper-Hecht三维分析模型为多语言和多文化环境中的语言景观研究提供了一个综合的分析框架。通过考虑语言、符号和空间三个维度,研究者能够更全面地理解和解释语言景观中的复杂现象。这一模型在语言政策制定、文化多样性研究、城市规划等领域具有重要意义,帮助学者们揭示多语言社会中的语言互动和文化交流。

该模型运用于语言景观的典型研究包括:Han Yamei和Wu Xiaodan（2020）在三维空间维度下以广州市的语言政策、语言景观和居民对语言使用的感知为研究对象,探讨它们在多大程度上趋同或发散,强调语言和谐的重要性,但可以在未来的研究中进一步对发现的问题给出改进的建议;Nikolaou（2017）主要依据该三维模型,研究希腊雅典语言景观中商业标志的语言构成,通过定量与定性相结合的方法,探究出语言景观背后所涉及的意识形态的影响,但由于是个案研究,对于其他城市语言景观的改进建议适用范围有待拓宽;闵杰（2023）将该模型进行调适并运用于路名规划的实证研究中,进一步发挥其整体分析和解释功能;单韵鸣、杜金丰和张启雅（2022）以泰国普吉岛为例，从三个维度分析语言景观并从经济角度分析其形成动因；周晓春（2023）以该模型为理据，选取合肥市三处城中村为研究对象，对其语言景观的建设风貌进行三维透视并提出应对方略等。由此可见，近几年应用该模型进行语言景观的研究较丰富，主要集中于实体语言景观的研究。

第二篇 分报告

北京自贸区官网语言景观调查研究
——基于对比视角

张燕燕　尚艺鸣

（首都经济贸易大学外国语学院，北京，100070）

摘　要：当前，国际贸易形势复杂多变，全球贸易萎缩，经济增长放缓，中美贸易摩擦升级。在困难的外部环境下，北京"两区"建设目标的实现既面临严峻的挑战，又面临难得的机遇。本文阐述了北京"两区"建设的重大意义及目标特色，在此基础上对比北京"两区"建设英文网页、上海自贸区英文网页以及美国国际贸易管理局网页，提出完善北京"两区"建设英文网站的思考。

关键词：北京"两区"建设；英文网页

一、引言

在2020年中国国际服务贸易交易会上，习近平总书记宣布支持北京建设国家服务业扩大开放综合示范区和中国（北京）自由贸易试验区，即俗称的"两区"建设。这是为更好发挥北京在中国服务业开放中的引领作用，支持北京打造国家服务业扩大开放综合示范区，设立以科技创新、服务业开放、数字经济为主要特征的自贸试验区。

在中国营商环境评价中，北京连续综合排名第一，在开办企业、吸引外资、发展服务业方面表现良好，位居全国前列。而北京"两区"网站建设也在其中发挥着不可替代的作用，尤其是其英文网站，发挥着展示北京"两区"建设成果、进一步吸引外资、介绍利好政策、公布最新"两区"建设动态等作用。本文聚焦北京"两区"建设英文网站，从排版、模块设置、内容、语言表达等四个方面对北京"两区"建设英文网站与上海自贸区英文网站和美国国际贸易管理局网站开展对比分析研究，以期发现北京"两区"建设英文网站的优势与不足，为完善北京"两区"建设英文网站提出切实可行的改进建议，促进北京"两区"建设。同时，结合北京高校外语人才聚集的优势，提出网站建设建议，为北京高校外语人才和文化传播等相关专业人才的培养提供网站翻译、设计等宝贵经验和机会。

二、北京"两区"建设英文网站现状

本文主要从排版、模块设置、内容、语言表达四个方面介绍北京"两区"建设英文网站概况。

（一）排版

与上海自贸区进行对比，北京"两区"建设英文网站的一级栏目与二级栏目如表1所示。

表1 北京"两区"建设英文网站与上海自贸区英文网站一、二级栏目对比

网站	英文一级栏目	英文二级栏目
北京"两区"建设	Home	无
	Government	Departments; Administrative Districts; Reports; Policy Toolkit; Yearbooks
	Beijing Info	Videos; Facts; Culture; Sister Cities; Sci & Tech
	Services	Most requested; Investing in Beijing; Working in Beijing; Studying in Beijing; Living in Beijing; Travelling in Beijing; Consuming in Beijing
	Contact Us	FAQs; Feedback; Surveys
	Latest	News; Laws & Policies; Photos; Activities; Specials
上海自贸区	Home	无
	Discover SHFTZ	Overview; Leadership; Industrial Parks; Overseas Offices; Videos; Contact Us
	What's New	Latest; Specials; SHFTZ Press Release
	How to Invest	无
	What We Have	Advantages; Preferential Policies; Service Centers; Q&A; Case Studies; Infographics
	Services	Visa; Transportation; Healthcare; Education; Hotels; Dining; Attractions; Leisure; Shopping

从表1可以看出北京"两区"建设英文网站较为完善，但是问题在于北京一、二级栏目内嵌于北京市人民政府英文网站中，不具有针对性。比如"两区"建设更针对投资、政策展示等，而二级栏目包含"Working in Beijing""Studying in Beijing""Living in Beijing""Travelling in Beijing""Consuming in Beijing"，这些分类和人们的日常生活和出行关系更紧密，不太适合放在"两区"建设的导航栏下。相比之下，上海自贸区英文网站的导航栏针对性较强，分为"What's New""How to Invest""What We Have""Services"这几类，紧扣主题。

北京"两区"建设英文网站与上海自贸区英文网站在风格与网址设置方面的情况如表2所示。

表2 北京"两区"建设英文网站与上海自贸区英文网站的风格与网址对比

网站	风格	网址	对比
北京"两区建设"	该网页设计极具代表性，多张背景图片循环播放	https://english.beijing.gov.cn/investinginbeijing/two_zones/index.html	
上海自贸区	以蓝色为主，端庄大气，更能体现出上海的年轻与活力。页面右上角有搜索框	https://english.pudong.gov.cn/chinashftz/howtoinvest.html	

北京"两区"建设英文网站的主页风格较多变，多张代表性地标背景图片循环播放，页面顶部有"BEIJING, CHINA"字样及代表北京的标识，页面中部设置搜索框，方便用户直接查找，提高效率。但导航栏的字体颜色为白色，往往与白色背景混在一起，容易降低使用者的体验感。上海自贸区英文网站主页以蓝色为主，端庄大气，主页也配有上海的标志性建筑图片并循环播放，但用户可根据需求左右调换主页的图片，显得更加规整、更有条理。导航栏的字体也为白色，但背景图片的白色色块考虑到了导航栏字体，避开

了对其可能的干扰。

（二）模块设置

本节将北京"两区"建设英文网站和上海自贸区英文网站以及美国国际贸易管理局网站进行对比，从网站位置、语言种类、功能区概览等维度展开比较，分析出北京"两区"建设英文网站的大致情况。

1. 网站位置

本文所研究的是北京"两区"建设，用百度搜索引擎，输入"北京两区建设"，显示出来的是北京市人民政府网站，中文首页内容（如图1所示）和"两区"建设相关。切换成英文网站后，网站更侧重日常生活服务（如图2所示）。其中"Living in Beijing"板块下有一个"两区"建设模块，即"Two Zones of Beijing"。这一网站在内容上更侧重于招商引资，也是本文要重点研究的网站。"Two Zones of Beijing"位于北京市人民政府网站二级栏目"Living in Beijing"的首页中，没有独立的一、二级栏目，和北京市人民政府共用一套栏目设置（如图3所示）。

图1　北京市人民政府网站中文首页

图2　北京市人民政府网站英文首页

图3　北京"两区"建设网站内嵌页面

和北京"两区"建设英文网站不同的是，上海自贸区英文网站是一个独立网站，即中国（上海）自由贸易试验区管理委员会，和上海市人民政府不共用一个网站，拥有独立的一、二级栏目（如图4所示）。

2. 语言种类

北京"两区"建设英文网站有中文、英文、韩文、法文、德文等十种语言，在网页右上角可以下拉查看。其语言的丰富程度与北京对自身国际都市的定位以及旨在提高服务业和贸易发展水平的愿景相符（如图5所示），这一多达十种的语言设置便于北京"两区"建设各项政策等信息的全球传递，值得各政府网站借鉴。

图4　上海自贸区英文网站首页

图5　北京"两区"建设英文网站语言种类

上海自贸区英文网站的语言设置仅有三种，分别为英语、中文、日本语，缺乏多样性，无法让其他语言背景的投资者了解当地投资环境。在语言设置方面，北京"两区"建设英文网站提供的语言服务种类比上海自贸区英文网站多，语言种类更加丰富。

语言是文化的载体，也是人与人沟通的桥梁，设置多种语言，不仅为拥有不同文化、语言背景的人提供交流上的便利，更能促进经济的发展，为当地政府带来投资建设的机遇。在语言种类设置数量上，各政府网站可以以北京为借鉴，拓展语言服务范围，更好地实现信息的传递，完善当地营商环境。

3. 功能区概览

在版块设置中，笔者将针对北京"两区"建设英文网站、上海自贸区英文网站以及美国国际贸易管理局网站，从网站介绍、最新资讯、政策展示、区域展示、个人服务、投资步骤、问答区域等方面展开对比分析，尽可能全面研究北京"两区"建设英文网站的现状，具体对比参见表3。

（1）网站介绍：北京"两区"建设英文网站仅有文字介绍，内容有所侧重。上海自贸区英文网站有简要文字、视频介绍，但没有凸显特色。美国国际贸易管理局网站首页仅有一个短语和一行文字，点开"About Us"可以看到更为详细的介绍，有视频作为辅助。

（2）最新资讯：北京"两区"建设英文网站有最新资讯、投资成就展示和政策查询版块，但缺少图片展示。上海自贸区英文网站的资讯版块分为两部分，一部分是最新动态，展示最新一篇新闻的图片和梗概；另一部分是专题报道。美国国际贸易管理局网站首页没有展示分条列出的新闻资讯，而且将其分成一个小版块，点开之后可以看到相关部门介绍、联系方式、新闻分类，点击"Get the Latest"，可以选择浏览新闻的链接和发布时间等。

（3）政策展示：北京"两区"建设英文网站有视频解读和文章解读，但政策解读仅一笔带过，缺少政策信息源头展示。上海自贸区英文网站在"What we have"这一栏展示政策、成功案例、常见问答等，但政策展示倾向于政策解读，缺少原文本指引，没有视频解读。在美国国际贸易管理局网站对应的政策展示中，笔者选择了"For U.S. Businesses"下的"Export Solutions"，其中有一栏为"Complying with the U.S. and Foreign regulations"，这一页面展示具体政策内容，其中涉及内容庞大的条例和其他部门时会有超链接文字设置，可以跳转网页，内容丰富详细，可操作性较强。

（4）区域展示：北京"两区"建设英文网站将展示区域分为工业区和支柱区域，对应区域介绍缺少排版、超链接文字。上海自贸区英文网站没有在首页中展示自贸区域，而是放在一级栏目下，其介绍存在和北京"两区"建设英文网站一样的问题。美国国际贸易管理局网站中对应模块，笔者选取了"For U.S. Businesses"下的"Export Solutions"，其中，"Research Foreign Markets"展示了世界各地市场的概况等，并且有数据支撑、解决方案等，文章内有超链接文字，可以索引到具体网站和政策页面。

（5）个人服务：北京"两区"建设英文网站缺少"Services"版块，但这一缺失情有可原。首先，"Two Zones"网站专注于北京"两区"建设的投资方面，服务的是企业，对个人诸如签证、交通、住宿等方面的服务并不关注；其次，作为一个内嵌在北京市政府网站下的页面，其一级栏目有"Services"

表 3 北京"两区"建设英文网站、上海自贸区英文网站以及美国国际贸易管理局网站功能区对比

	北京"两区"建设英文网站	上海自贸区英文网站	美国国际贸易管理局网站
网站介绍			
最新资讯			
政策展示			

续表

	北京"两区"建设英文网站	上海自贸区英文网站	美国国际贸易管理局网站
区域展示	(图)	(图)	(图)
个人服务	无	(图)	(图)

续表

	北京"两区"建设英文网站	上海自贸区英文网站	美国国际贸易管理局网站
投资步骤	无		
问答区域			无

版块,但是可以增加对于企业的相关服务。上海自贸区英文网站"Services"版块展示不同服务模块的最新法律法规文章,以倒序形式展开,但缺乏文章整合和跳转相关网页的模块和超链接文字,实操性较弱,对真正有需求的用户帮助较小。美国国际贸易管理局网站没有个人服务,在介绍每一个模块时,会相应附上可能遇到的问题、需要求助的部门和需要了解的知识。笔者选取"For U.S. Businesses"下的"Resolve a Trade Problem",以"foreign trade zones"版块举例,这一页面中列出了贸易区申请流程、注意事项等,实操性强,以用户为导向。

(6)投资步骤:北京"两区"建设英文网站中缺少指导用户投资的版块。上海自贸区英文网站有"How to Invest",但是仅罗列了新闻文章和法律法规,没有超链接让浏览者跳转到相关部门网站,缺乏实操性。美国国际贸易管理局的"foreign trade zones"版块展示了具体申请步骤,文章内可以跳转到相关部门和法律法规。

(7)问答区域:北京"两区"建设英文网站的问答区域在二级栏目,表示为FQAs,没有在"两区"建设网站首页展示。上海自贸区英文网站在首页的"What We Have"里设置问答区域。美国国际贸易管理局没有特别设置问答区域,一般会在对应模块中偶尔列出常见问答。

(三)内容

本文将北京"两区"建设英文网站和上海自贸区英文网站以及美国国际贸易管理局网站进行对比,从统一标准、丰富程度两个维度展开比较,分析北京"两区"建设英文网站的大致情况。

1. 统一标准

北京"两区"建设英文网站内容缺乏统一标准。工业区和支柱产业模块中,相关的文章介绍缺乏统一标准,有的介绍了侧重发展区域,比如"ZPark"的介绍里提到该园区汇聚能源、交通、通信、金融、国防等国民经济重要领域的行业领先企业;"Tongzhou Cultural Tourism Zone"中则从位置、占地面积、开放时间等方面进行介绍。上海自贸区英文网站也有同样的问题,如"Lujiazui Financial and Trade Zone""Jinqiao Development Zone"(如图6、图7、图8、图9所示)。

图 6　ZPark

图 7　Tongzhou Cultural Tourism Zone

图 8　Lujiazui Financial and Trade Zone

图 9　Jinqiao Development Zone

而美国国际贸易管理局按照行业分类，对各行业的主要出口市场分析较为透彻。例如，在飞机零件、建筑产品、云计算、冷链供应、教育、金融科技、制造技术、媒体娱乐、制药、再生能源、清洁燃料、半导体及相关设备、纺织品、旅游业等行业分析中，美国国际贸易管理局把中国作为热门市场，且撰写了专门报告。其2016年的半导体及相关设备报告就把中国的产业发展政策列为美国半导体行业面临的两个"挑战与障碍"之一，认为中国政府计划未来十年向该行业投资1 500亿美元，将给美国企业在中国市场中的行业前景带来不确定性（如图10所示）。而工业自动化、国防、石油和天然气、医疗设备等领域均未把中国列为目标热门市场。

2. 丰富程度

北京"两区"建设英文网站内容较为单一，且缺乏超链接文本跳转到政策文章等相应网站页面。在政策解读模块，仅分条列出政策名称，没有对具体政策进行深入解读，影响浏览者理解相关政策（如图11所示）。上海自贸区英文网站存在同样的问题，在政策展示模块，缺乏超链接文本（如图12

图10 美国国际贸易管理局网站页面

所示）。美国国际贸易管理局网站对模块进行细分和介绍时，设置了超链接文本，点击之后可以跳转到相应网站和文章（如图13所示），大大丰富了网站内涵。

图11 北京"两区"建设英文网站页面

图12 上海自贸区英文网站页面　　　图13 美国国际贸易管理局网站页面

(四)语言表达

本节主要从模块语言、文章语言表达两个维度切入,对比上海自贸区英文网站和美国国际贸易管理局网站,分析北京"两区"建设英文网站的语言表达质量。

1. 模块语言

北京"两区"建设英文网站的模块语言站在政府角度行文。比如在"最新资讯"这一栏的表达上,使用了"Latest Progress"以及"Updates"两个词;上海自贸区英文网站用了"Latest";美国国际贸易管理局网站在"Member of the Media"网页中用了"Get the Latest"。就这一模块语言表达来说,北京"两区"建设英文网站和上海自贸区英文网站都带有"Latest"一词,客观表达了新闻的即时性。但是美国国际贸易管理局网站则站在用户角度,用了一个动词"Get"。

这一表述还体现在其他模块,比如和政策相关的介绍上,美国国际贸易管理局网站在法律法规模块用的是"Comply with U.S. and Foreign Regulations",上海自贸区英文网站用的是"Administration for Industry and Commerce";北京"两区"建设英文网站用的是"Financial Guarantees",美国国际贸易管理局网站用的是"Obtain Financing"。总的来说,北京"两区"建设英文网站和上海自贸区网站都倾向使用名词性短语表达模块,美国国际贸易管理局网站则使用动词加名词的表达方式,更加站在用户角度考虑模块语言的表达。

2. 文章语言表达

北京"两区"建设英文网站文章在表达方面存在上下文连贯性不强的情况。例如,在"Foreign Investment"中,点开之后一个小标题"Permitting Sole Proprietorship"下面列的不仅有相关产业,还加了"establish""set up"这样的动词,但是这一小标题下面只放上相关产业即可,这是一个行文不连贯的例子。

同时,北京"两区"建设网站也存在英文不地道、表达赘余、搭配不当等问题。比如,对"ZPark"进行介绍时,使用"industry application enterprises"的表达会造成阅读困难。如果想表达这个工业园区汇集了各个领域的龙头企业,可以使用"leading enterprises";后文的"high-end form of modern service industry"读起来也较为生硬，建议改为"high-end and modern service industry"；"high-tech specialized park"应该改为"specialized high-tech park"；"constructed six elements"中的"construct"也不太地道，一般用"develop"代替；"entrepreneurship businesses"两词同用有重复之嫌，可以二选其一；最后一句中，从句"so as to"后面的"achieve integration"可以往前移，把"construct a technology service system"后置，即改为"so as to achieve online and offline integration and construct a technology service system in the park that is specialized, featured, international, brand-based and innovative"，句子头尾更加平衡，符合英文表达习惯（如图14所示）。

The park brings together leading industry application enterprises in energy, transportation, communication, finance, national defense and other important fields of national economy, embodying the profound integration of industrialization and informatization, and representing the national level of strategic emerging technology innovation. The park has always been at the forefront of industrial innovation and development, and has taken the lead in developing a national leading featured industrial cluster in cloud computing, mobile Internet, big data, artificial intelligence, quantum science and new IT service industry, earning itself a great say and technology dominance in the industry, and displaying a typical high-end form of modern service industry. ZPark, as an outstanding developer of high-tech specialized park, has constructed six elements for the industrial ecosystem over the past ten years, including policy guidance, industrial cluster, innovation platform, fintech, international cooperation and industrial services, to create an ecosystem that is suitable for innovation and entrepreneurship businesses. The park has built innovation chains around the industrial chains, and provided capital chains centering around the innovation chains, so as to construct a technology service system in the park that is specialized, featured, international, brand-based and innovative and achieve online and offline integration.

图 14　北京"两区"建设英文网站段落

三、小结与建议

（一）排版

在导航栏设置方面，北京"两区"建设英文网站内嵌于北京市人民政府英文网站中，导航栏和"两区"建设关联度较弱；上海自贸区英文网站专门设置一、二级导航栏，值得借鉴；美国国际贸易管理局官网导航栏具有针对性。建议将"两区"建设的导航栏从北京市人民政府英文网站中独立出来，以提升其专业性和针对性。导航栏的设计应紧扣"两区"建设的核心功能，如"投资指南""政策解读"等，以吸引潜在投资者和政策关注者。

在页面设计方面，北京"两区"建设英文网站首页字体易与背景混淆，且布局较为凌乱；上海自贸区英文网站页面设计简约大气，字体和图片清晰可辨；美国国际贸易管理局网站页面较为简约，采取红、白、蓝三色，字体大。建议保持"两区"建设网页的地标背景图片循环播放以展示北京特色，同时应优化导航栏的字体颜色与背景对比度，避免白色字体与白色背景混淆，提升用户体验。可借鉴上海自贸区英文网站的做法，允许用户按需调整主页图片顺序，增强页面的规整感和条理性。

在交互体验方面，引入在线客服系统，确保用户在浏览网站过程中遇到问题能够及时获得帮助和解答，提升用户满意度。还可以建立用户反馈机制，如设置在线问卷或留言板，收集用户对网站功能和服务的意见和建议，以便及时改进。

（二）模块设置

在网站位置方面，北京"两区"建设英文网站没有自己的独立站点；上海自贸区英文网站和美国国际贸易管理局均拥有自己的独立站点。在网站介绍方面，北京"两区"建设英文网站缺少视频介绍，文字介绍缺乏特色；上海自贸区英文网站和美国国际贸易管理局网站均有视频介绍，文字介绍各有侧重。建议北京"两区"建设网站另外设置一个站点，拥有独立的一、二级导航栏，添加视频介绍，强调"两区"建设专注的领域以及带来的成果。

在最新资讯展示方面，北京"两区"建设英文网站缺少图片和新闻梗概；上海自贸区英文网站图文并茂，且仅展示三条，安排合理；美国国际贸易管理局新闻版块不展示在首页，细分到二级页面，内容翔实，可操作性强。建议北京"两区"建设英文网站对最新的新闻采用图文形式展现，再放置三条新闻，以超链接标蓝字的形式展现。

在政策展示方面，北京"两区"建设英文网站仅一笔带过，缺乏完整信息；上海自贸区英文网站政策展示缺乏原政策链接，信息模糊；美国国际贸易管理局网站提供了原法律法规索引，且可以寻找到发布部门。建议北京"两区"建设英文网站的政策展示加上原文索引超链接，方便用户浏览完整政策。

在个人服务方面，北京"两区"建设英文网站缺少个人服务；上海自贸区英文网站有提供给个人的日常服务；美国国际贸易管理局没有单独的个人服务，但是细分版块下有提供给企业及个人的投资服务。北京"两区"建设英文网站可以借鉴美国国际贸易管理局网站和上海自贸区英文网站，针对用户需求添加具体可操作的"Services"版块，其中需要包含针对不同投资主体可能感兴趣的领域和投资步骤、需要填写的表格以及现在已经有的投资项目。

在常见问答方面，北京"两区"建设英文网站问答区域设置在二级导航栏；上海自贸区英文网站放置在首页；美国国际贸易管理局没有专门设置问答区，但偶尔会在相应模块中列出常见问题和解决方案。建议针对"两区"建设投资贸易设置一个常见问答区，放在首页最底部。

（三）内容

在标准方面，北京"两区"建设英文网站介绍性质文章缺乏统一标准；上海自贸区英文网站也存在同样的问题；美国国际贸易管理局介绍性质文章有几大侧重点，详略得当。建议北京"两区"建设英文网站统一标准，除了列出基础信息，也可以对本地区的特色发展方向和优势展开介绍。

在内容丰富程度方面，北京"两区"建设英文网站文本内容单一，缺乏超链接，导致信息量缺失；上海自贸区英文网站存在同样北京"两区"建设英文网站问题；美国国际贸易管理局网站上的文章有超链接，可以索引到原文和相关部门网站。建议北京"两区"建设英文网站增加版块，比如"投资步骤"，在文章中插入超链接文字，方便浏览者跳转到相应网站和文章，了解更详细的信息。

（四）语言表达

在模块语言方面，北京"两区"建设英文网站和上海自贸区英文网站多用名词；美国国际贸易管理局网站多用"动词+名词"的形式。建议以用户为中心，多使用动词加名词的表达，而非仅罗列信息，堆砌新闻。

在文章语言表达方面，北京"两区"建设英文网站存在语义赘余、连贯性弱、搭配不当等问题。建议提升翻译质量，避免赘余，做到简洁易懂；避免生硬翻译，应直截了当将文章意图点明；句式结构要做到头尾平衡。

（五）结合高校力量

笔者发现，北京"两区"建设英文网站主要存在两大方面问题，其一是模块设置以及排版等网站呈现上的问题，其二是语言表述不当的问题。针对这两大问题，网站管理者可以与当地学校师生结成合作关系，利用专业人才对网站进行维护，同时也锻炼了师生的实践能力，与时俱进，将知识与社会需求相结合。

北京高校众多，其中不乏优秀院校外语人才，但北京高校外语专业的部分师生缺乏英文网站建设等翻译实践经历。北京"两区"建设英文网站发挥着招商引资、向外界展示北京独特的资源优势等重要作用，可以说建设这一英文网站至关重要。因此，北京"两区"建设英文网站可以依赖当地高校外语人才，组建"学生+专家"翻译团队，对英文网站的模块语言和文章语言以及发布内容制定标准，推出高质量网站内容。在英文网站的排版设计、模块设置等方面，可以联合当地高校传媒相关专业学生，组建"学生+专家"团队，既能发挥学生专长，丰富专业领域的实践经历，又能完善北京"两区"建设英文网站，为北京服务业发展和自由贸易区建设添砖加瓦，还可以为全国官方的自贸区服务业相关英文网站提供样本，为今后相关领域英文网站翻译奠定基础。

四、总结

通过对比分析可以看出，北京"两区"建设英文网站存在不足，但也有其值得借鉴之处。北京"两区"建设英文网站需要在页面设计、内容统一标准、增加以用户为导向的模块以及语言表达等方面进行完善。网站建设可以依靠北京高校外语人才，通过搭建"学生+专家"小组，连接外语人才、传媒相关专业人才，一方面完善北京"两区"建设英文网站，发挥北京招商引资的国际都市功能；另一方面为高校人才提供实践经历，增强其解决专业领域难题建设英文的能力，提升专业水平，培养出一批复合型、实践型人才。

北京"两区"建设英文网站的景观建设是提升北京"两区"形象和影响力的重要手段。通过优化页面设计、完善信息呈现和提升交互体验等措施，可以有效提升网站的吸引力和用户体验，进一步推动北京贸易和服务业的发展和繁荣。未来，北京"两区"建设英文网站应继续加强景观建设，不断创新和完善服务功能，不仅为相关英文网站提供借鉴样本，也可以适应全球化经济的新形势和新要求。

北京中央商务区语言景观调查研究

谭语婷 彭 甜

(首都经济贸易大学外国语学院,北京,100070)

摘 要：本文以北京中央商务区（CBD）内中英公共标牌为研究样本，对北京CBD公共标牌双语环境进行了案例式分析，从语码选择、置放形式和其他呈现方式三个方面对其呈现特征进行描述。其中，语码选择包含语言选择和字体选择两个方面；置放形式主要针对字体的横纵摆放位置进行分类和分析；其他呈现方式针对标牌设计、材质、新旧程度等以及私人标牌的特殊使用情况进行分析。通过分析标牌的呈现特征，本文进一步分析了其呈现特征的优劣势，其中呈现优势包括字体选择、设计风格和形象展示，呈现劣势主要从标牌设计管理的规范性和标牌翻译的规范性两个方面进行描述。最后，本文根据北京CBD地区标牌的呈现特征提出了公共标牌的提升策略，以更好地提升北京CBD的国际形象，为该地区的发展注入活力。

关键词：语言景观；北京CBD；公共标牌；双语环境

一、研究目的

北京中央商务区（Central Business District，CBD）作为首都经济发展的三大功能区之一，是我国重要的国际金融功能区和发展现代服务业的聚集地。根据2020年世界商务区联盟年会发布的《全球商务区吸引力报告》，北京CBD的全球商务吸引力排名为全球第七、亚洲第二、中国第一。改革开放伊始到1993年，北京CBD区域初步具备了发展城市商务中心功能的基础和优势。工业基础和便利的交通为其提供了良好的基础设施条件，国贸的形成及涉外资源的汇聚为区域对外开放创造了条件。作为大国首都面向世界的窗口，北京CBD自然也成为外资流入中国的首选地。CBD功能区总部企业455家，跨国公司地区总部105家，40个高端领域龙头企业238家，CBD中心区跨国公司地区总部55家，其总部经济特色鲜明，成为北京市跨国公司地区总部聚集度最高的区域[①]。此外，外商投资企业也在北京CBD区域集聚。经过多年来的不断发展，目前，北京CBD国际商务交往功能完备。各种形式多样、层次多元的国际性商务活动的举办，如中外跨国公司CEO圆桌会议、世界城市建设国际论坛、跨国公司中国论坛、济州论坛·中韩CBD分论坛、中国特色世界城市论坛等，有效传播了北京CBD的国际影响力，推动北京国际交往中心建设。北京CBD地区对于国内外商业发展起到了举足轻重的作用，该地区是大多数外国友人了解中国的窗口，而语言景观作为展现地区风貌的重要手段，势必影响国内外商业友人对于这一重要的商业区乃至我国商业发展的印象。北京CBD语言景观的质量不仅影响其商业功能的发展，还在展现我国国际形象方面起到了重要的作用。因此，提升北京CBD地区的语言景观质量可使其成为首都商业发展的重要辅助力量，并对我国国际形象注入新的活力。

本文主要在Scollon和Scollon（2003）的场所符号学理论（Place Semiotics）指导下，展开北京CBD地区语言景观实地调研。两位学者认为语言景观是场所的书面文本，在本质上是多重表意系统的符号聚合。场所符号学主要包括语码偏好、字刻和置放等三个要素。语码偏好方面体现为多语标牌中语言的置放形式，常见标牌可分为中心—边缘，上—下、左—右、新—旧等四种形式。从视觉效果来看，中心、上、左、新为偏好语码。字刻方面主要体现为字体、材料、临时性或时新性、层积等。不同的字刻系统的选取是设计者考虑不同表现情况之后根据现实环境相协商和妥协的产物。置放方面体现为去语境化和情景化，需要将语言景观分析放在地理情景和社会情况中共同讨论。本文将立足北京CBD地区语言景观，结合语言景观的语码使用及呈现特征，为中央商务区公共标牌的设立提供适当的建议。

北京CBD地区作为我国商业发展的重要门面，是外国友人了解中国的窗口，其语言景观承载着非常重要的意义：在文化传承方面，北京CBD地区是中国现代化发展的代表之一，其语言景观反映了现代化与传统文化之间的交融与冲突。通过研究语言景观，可以让国内外友人了解北京CBD地区的文化

---

① 《CBD功能区"十四五"时期发展规划》，北京市朝阳区人民政府，2022.

传承和变迁，探讨现代化进程对传统文化的影响。在社会关系方面，北京CBD地区是商业、金融和文化交流的中心，语言景观反映了不同社会群体之间的关系和互动。研究语言景观可以揭示社会群体之间的权力结构、身份认同和社会地位，有助于理解社会关系和社会动态。在树立城市形象方面，北京CBD地区是国际化城市的代表，其语言景观直接影响城市的形象和国际交流。通过研究语言景观，可以进一步推动北京CBD地区在国际舞台上的形象塑造和文化输出，有助于提升该地区的国际竞争力。在语言政策方面，北京CBD地区的语言景观也反映了语言政策的执行情况和效果。研究语言景观可以评估语言政策对地区语言生态和文化的影响，为制定和调整语言政策提供参考依据。

综上所述，研究北京CBD地区的语言景观有助于深入了解该地区的文化、社会、城市形象和语言政策，对于推动地区的文化传承、社会发展和城市建设具有重要的意义。

二、研究方法

（一）实地调查法

本研究通过实地调查，走访北京CBD地区重要商圈及周边环境，包括财富金融中心、环球金融中心、万通中心、朝外SOHO、尚都SOHO、世贸天阶、CBD历史文化公园、北京SKP、华贸中心、东方梅地亚中心、金地中心、世贸大厦等区域。

（二）语料收集法

语料收集以拍照为主，对上述调查地区共采集270份标牌语料，其中包括商业标牌和非商业标牌两部分。之后，从量化角度整理、分析、统计各类标牌的数量及所占比例，以此查看公共标牌的呈现特征。同时，结合质性方法，通过观察和思辨来分析标牌上的语言使用问题。

三、北京CBD地区公共标牌语言景观的呈现特征

本研究采用Backhaus（2007）语料统计法，在统计时，将每一个语言实体（无论其大小）都算作一个标牌。考虑到一个地区的语言景观是由每个语言标牌构成的，如北京CBD地区很多商铺会在店铺四周设置招牌，道路等信

息提示牌也经常重复出现，但它们均是公共空间的语言实体，所以除繁多且单一不易分割的垃圾桶和店铺腰封外，调查团队将所有的语言标牌都纳入考察范围，重复出现的标牌在数量中只算一个。此次调查共计得到有效单位270个，调查团队将通过这些标牌对北京CBD地区语言景观的总体风貌进行呈现。

（一）语码选择

1. 汉语单语标牌

此次调查中出现的汉语标牌在商业标牌和非商业标牌中占比最大。商业标牌主要包括私人标牌，即自下而上的语言标牌，如私人商铺、私人企业所设立的招牌（如图1所示）。非商业标牌包括中国古汉语标牌、社会主义核心价值观标语、居民楼楼牌号、政府单位名称等（如图2所示）。

图1　华贸中心的小仙炖

图2　万达广场（北京CBD店）附近的市场监管局

2. 英语单语标牌

英语单语标牌仅涉及商业标牌，包括外国品牌、私人小店、中国本土品牌。例如：外国品牌芬迪（FENDI）的实体店标牌仅使用了英语作为语言景观（如图3所示）；位于华贸公寓底层的私人理发店将"THE BARN"作为自己的英语单语标牌（如图4所示）；中国本土轻食

图3　位于华贸中心的FENDI广告牌

品牌"gaga GARDEN"也仅将英语作为其标牌的使用语言（如图5所示）。通过调查可以发现，北京CBD地区公共标牌中纯英语外国品牌主要集中在SKP中心，其设计特点为：字体较大、设计风格简约、没有多余的修饰元素。纯英语私人小店主要分布在商场周围的公寓底楼，设计风格简约、文字篇幅较短。纯英语中国本土品牌主要分布在商场附近，这一类店面的标牌也以纯英文的形式呈现，内容简洁、无多余的文字和图案。

图4 位于华贸公寓一层的理发店

图5 位于华贸中心的中国本土轻食品牌

3.英汉双语标牌

双语标牌几乎只涉及英汉两种语言，其中包括商场标识、地铁标识、路牌、国内外品牌等（如图6所示）。

图6 华贸购物中心

（二）字体

在标牌设计中，需要根据标牌所在场所选择合适的字体。经调查发现，北京CBD地区标牌字体呈现出多样性特征，其中包括黑体、宋体等，如劲松口腔医院的标牌字体为黑体（如图7所示），世茂大厦大厅的标牌为宋体（如图8所示）；且商业标牌偏好使用花体字或艺术字，如华贸公寓区域的功能指示牌字体为花体字，便利蜂咖啡的标牌字体为艺术字（如图9所示）。非商业标牌也呈现出多样性的特征，以黑体、草体、隶书等常见字体为主，如郎家园附近的道路标牌将黑体字作为语言景观字体（如图10所示），中国海关的标牌字体为草体（如图11所示），位于东方梅地亚附近的中国古汉语石碑采用了隶书作为语言景观字体（如图12所示）；但和商业标牌不同的是，非商业标牌几乎不使用花体字和艺术字作为语言景观字体。

图7　位于华贸中心的劲松口腔医院

图8　世茂大厦

图9　便利蜂咖啡标牌

图10　位于郎家园的路牌

图 11　位于光华路的中国海关 　　　　图 12　位于东方梅地亚中心 C 座前的石碑

（三）置放形式

对商业标牌和非商业标牌的对比分析显示：非商业标牌语码的置放顺序趋于统一规范，字体以横向分布为主，例如位于华贸中心的消防安全警示牌以及市场监督管理局外的社会主义核心价值观中的字体均以横向分布的形式置放（如图 13、图 14 所示）；极少数非商业标牌字体以纵向分布的形式出现，如位于北京 SKP 附近的"北京市种植牙集采价格执行单位"标牌（如图 15 所示）；极少数非商业标牌字体以"横向+纵向"相结合的方式出现，如位于华贸中心附近的"建国路西门 89 号"标牌（如图 16 所示）。

除此之外，非商业双语标牌使用上下式结构，且英文位于中文之下，如市场监督管理局和国贸地铁站内的指示牌均采用这一结构（如图 17 和图 18 所示）。相比之下，商业标牌的置放顺序更为多样，按使用频率从高到低依次为上下式、左右式及其他，具有引人注目的效果。商业双语标牌

图 13　建国路 89 号 　　　　图 14　万达广场（北京 CBD 店）附近的市场监管局

图15 位于华贸中街13号的
种植牙集采价格执行单位

图16 位于建国路89号华贸公寓
南区的门牌

以上下式结构为主，且中文字体较大，英文字体较小，如位于华贸中心一层的指引标牌字体以上下式结构的置放顺序出现（如图19所示）。部分商业标牌字体以左右式的置放顺序出现，其中，私人小店的左右置放文字均为中文，如位于万达广场的私人川菜馆和面馆均采用左右置放的形式（如图20和图21所示）；部分全国连锁店的左右置放语言为中英双语，如连锁店茉酸奶的招牌和丽思卡尔顿酒店的指示牌均为左右置放形式的双语标牌（如图22和图23所示）。此外，少数商业标牌还以中心包围的形式呈现出来，如中信银行出国金融服务中心的标牌呈现形式即为中心包围式（如图24所示）。

图17 万达广场（北京CBD店）
附近的市场监管局

图18 位于大望路地铁站的路牌

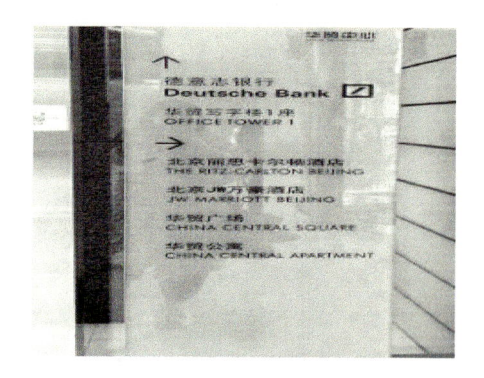

图 19　位于华贸中心一层的楼引牌

图 20　位于万达广场（北京 CBD 店）6 号楼北门旁的川菜馆

图 21　位于万达广场（北京 CBD 店）6 号楼北门旁的面店

图 22　位于郎家园西路的茉酸奶

图 23　位于建国路甲 83 号的丽思卡尔顿酒店

图 24　位于建国路 93 号院 15 号楼一层的中信银行出国金融服务中心

（四）其他呈现特征

1. 标牌设计、材质及新旧程度

通过实地调查发现，建国路路段部分标牌呈现出新旧程度不一的现象。例如：建国路93号院1号楼（见图25）和光辉里5号楼（见图26）的楼牌标识新旧程度呈现出不统一的特征，标牌颜色深浅不一。此外，建国路路段部分楼号标识设计形式和材料呈现出不一致的现象。例如：建国路89号的标牌采用金色塑料材质，且字体为黑色黑体字（见图27）；而建国路93号院1号楼的标牌则采用纸质材料，且字体为白色或红色黑体字（见图25）。

2. 标牌存在明显修缮痕迹

部分路段标牌有明显的修缮痕迹。例如：西大望路路段的路牌有明显的修缮痕迹，即LED屏部分，且该LED屏无法亮灯，无法正常工作（如图28所示）。

图25　建国路93号院

图26　光辉里5号楼

图27　建国路89号

图28　西大望路路牌

3. 部分路段使用电子屏

为方便车主获取最新的停车位信息，部分停车场使用电子屏实时更新空车位数量。例如：蓝堡国际中心停车场和北京SKP停车场均采用电子屏显示车位数量。其中，蓝堡国际中心停车场的电子屏仅显示空车位总数，仔细观察可以发现该LED屏出现故障（如图29所示），因此无法通过该电子屏获取空车位总数的信息；而北京SKP停车场的电子屏既显示了空车位总数，又显示了每一层的空车位数量（如图30所示），可以为车主提供有效的车位信息。

图29　蓝堡国际中心停车场　　　　图30　北京 SKP 停车场

4. 商场标牌风格各具特色，高端商场标牌偏向简约风格

语料收集时正值春节前夕。为迎接新年的到来，金地中心、华贸中心等各大商场都在大门上张贴龙年新春标识，风格鲜艳浮夸，字体大多采用花体和艺术字，且以红色和黄色为主要色调，以灯笼、牡丹和腾龙为主要图案（如图31和图32所示）。而北京SKP语言景观风格呈现出精致低调的特点，其

图31　东方梅地亚中心正门　　　　图32　金地广场正门

大门没有迎春图案,仅在其玻璃墙体上印有小巧的双语祝福,字体以宋体和新罗马体为主,字体颜色为白色,置放形式为上下式结构(如图33和图34所示)。

图33　北京SKP正门　　　　　图34　北京SKP侧墙

5. 私人手写标牌

实地调研发现,在蓝堡国际中心1座正门的一辆小拖车上出现随意摆放私人手写标牌的现象,标牌内容为高价回收书本、电器、家具、废铁、搬家,并附有联系电话,字体颜色为黑色。仔细观察可以发现,该标牌还存在错别字现象(如图35所示)。

图35　蓝堡国际中心1座正门附近的小拖车

6. 私人住宅玻璃上印有商业字样

在大望路地铁口附近的临街居民楼区，有居民在自家窗台随意粘贴商业字样。通过观察可以发现，这些字样以红色黑体字为主，字体以横向或纵向分布的形式出现，字号较大，字体置放比较混乱，且同一个内容反复出现多次。其中，大部分商业字体使用防水纸质材质，少数字体周围以红色LED灯加以修饰，以便引起路人的注意，商业字样涉及经营业务范围以及店家联系方式（如图36所示）。

图36　光辉里小区一层住户

7. 标牌贴放位置灵活

通过观察可以发现，部分指示牌摆放位置灵活，会根据实际需要做出调整以引导人们做出正确回应。例如，在华贸购物中心内有一处消防标识，该标识印有"消防卷帘下严禁堆放物品请勿逗留"的双语字样，并标有禁止行人和物品的图画，其贴放位置为墙体和地面的交界地带（如图37所示）。其目的是清楚明确地将禁放物品的区域指示出来，以免误导行人。这种摆放形式灵活且生动形象，

图37　华贸购物中心一层消防卷帘指示牌

能够有效引导行人，可以达到事半功倍的效果。

四、北京CBD地区公共标牌语言景观的呈现优势

（一）字体种类

汉字是中国传统文字的代表，不同的汉字字体在书法艺术、设计美学和文化传承方面都有着重要的意义。北京CBD地区公共标识语字体丰富多样，其中包括楷体、黑体、草书、隶书等。例如：郎家园附近的标牌将黑体字作为语言景观字体（如图38所示）；中国海关的标牌字体为草体（如图39所示）；位于东方梅地亚附近的中国古汉语石碑采用了隶书作为语言景观字体（如图40所示）。北京CBD地区采用多种汉字字体，将不同的书写风格、审美取向和文化传统反映出来，通过对不同字体的运用，传达中国传统书法之美，让国内外友人感受到汉字的魅力和文化内涵，有效地彰显了中国汉字之美，成功地传播了中华优秀传统文化。

图38 郎家园附近的标牌

图39 中国海关标牌

图40 东方梅地亚附近的中国古汉语石碑

（二）设计风格

北京CBD地区标牌设计风格呈现出多样性的特征。以功能区指示牌为例，位于华贸购物中心一层的楼层指示牌设计简单、风格朴素，白板黑字，使用黑体双语文字标识，中规中矩，无其他图案修饰（如图41所示）。而位于世茂大厦和国贸商城一层的楼引标牌则直接将品牌商标图案作为素材，几乎没有文字加以解释，风格随意但简单明了（如图42和图43所示）。相比较而言，新世界百货一层的引导牌则更加随意，其标牌背景为黑色，标识以彩色文字和图案的形式呈现，字体包含简体字和繁体字，且加入了花体字元素，文字和图案排列相对杂乱（如图44所示）。

图41　华贸购物中心一层楼引

图42　世茂大厦一层楼引

图43　国贸商城一层楼引

图44　新世界百货

（三）形象展示

北京CBD的形象对于首都北京乃至我国的发展和推广具有重要意义。通过观察可以发现，该地区多处地方通过展示社会主义核心价值观、重要会议和领导人讲话，表现出了中国作为社会主义国家独特、友好的形象。例如：位于万达广场附近的市场监督管理局上方标有社会主义核心价值观标语（如图45所示）；新世界百货附近一处墙体上贴有社会主义核心价值观标牌，标牌上展示了社会主义核心价值观的内容及"创建文明城区"等积极字样（如图46所示）；位于建外地区的一处长廊将多位领导人的讲话内容展示出来（如图47所示），充分展示出大国格局和大国形象，构成了北京CBD地区重要的语言景观类型。

图45　万达广场（北京CBD店）附近的市场监管局

图46　新世界百货附近的社会主义核心价值观标牌

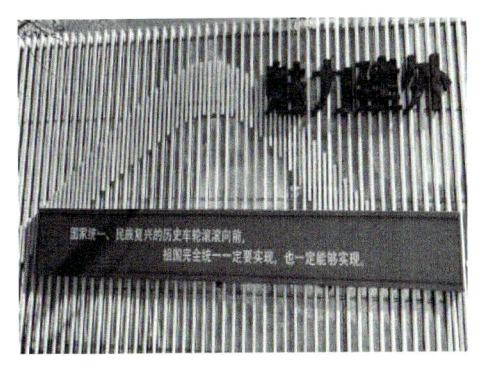

图47　建外地区一处长廊上的领导人讲话内容

五、北京 CBD 地区公共标牌语言景观的呈现问题

(一) 标牌设计管理的规范性

规范的标牌设计管理对于城市形象、品位、信息传达效率、安全和发展等方面都具有重要意义，是城市管理和建设中不可忽视的一环。通过规范的标牌设计管理，可以提升城市的整体品质和形象，为城市的可持续发展做出贡献。以下是北京 CBD 地区标牌设计管理的规范性存在的问题：

1. 标牌损坏现象

通过观察可以发现，位于西大望路路段的路牌标识存在损坏现象。该路牌左半部分的指示箭头消失，导致信息传达不清晰，给市民和游客的导航和信息获取带来困难，影响城市的交通流畅和市民的生活便利（如图 48 所示）。

2. 标牌内容重复

位于金地广场的一处消火栓位置张贴了两个"消火栓"标牌，且两个标牌位置摆放过于紧密，不够协调（如图 49 所示），由此导致信息重复、冗余，降低信息传达的效率和准确性。

图 48　西大望路路牌　　　　图 49　位于金地广场的消火栓标识

3. 路牌设计不统一

通过观察可以发现，CBD 地区不同路段的指路牌存在着设计不统一的现象。例如：位于丽思卡尔顿酒店附近十字路口的指路牌形状呈箭头状，且箭头指向灵活，与所指地标方向保持一致（如图 50 所示）；景辉街路段的指示牌形状呈长方形，路牌指向单一，仅呈现东西南北指向（如图 51 所示）。

图50 位于丽思卡尔顿酒店附近的十字路牌

图51 景辉街路牌

4.随意粘贴小纸条

规范的标牌管理可以提升城市的整体形象和美观度，统一规范的标识系统能够增强城市的专业感和品质感，提升城市的品牌形象。位于蓝堡国际中心1座门口的"蓝堡国际物业管理处"标牌中，"物"字左上方贴有手写小纸条，纸条上写有"我们平安"字样（如图52所示），违背了标牌的统一规范、准确性和合理性

图52 位于蓝堡国际中心1座门口的物业标牌

的标准，不利于为城市的发展和市民、游客的需求提供更好的服务。

（二）翻译的规范性

标牌作为城市重要的信息传达工具，翻译内容的准确性至关重要。规范的翻译有助于准确传达标牌内容，避免翻译错误导致的信息误解或混乱。同时，标牌翻译规范可以体现对不同文化的尊重和理解，避免因翻译不当而引发的文化冲突或歧视，提升城市的国际形象和友好度。因此，标牌翻译规范的重要性不容忽视。以下是北京CBD地区标牌的翻译问题：

1.漏译

通过观察可以发现，位于华贸公寓附近的一处双语指示牌出现了漏译的

图 53 华贸公寓南入口标牌

现象。如图 53 所示，该标牌中文内容为"华贸公寓南入口"，而英文译文为"SOUTH ENTRANCE"，没有将"华贸公寓"表达出来，内容传达不准确，可能导致信息误解或混乱。除此之外，标牌左侧的"消防通道　禁止停车"也没有翻译出来。标牌漏译会导致信息不完整，无法准确传达标牌所要表达的内容，影响市民和游客对信息的理解和使用。

2. 标牌缺少英文指示

双语指示可以为外国游客提供便利，帮助他们更好地理解城市的导航信息、交通指示和服务指引，提升外国游客的出行体验。与此同时，双语指示还体现了城市对外国游客的友好态度和文化尊重，有助于增强城市的国际吸引力。在调研中，调查团队发现位于国贸地铁站的一块指示牌上出现了单语指示的现象（如图 54 所示）。通过调查发现，该地铁站来往外国游客较多，且多数外国游客对该地区并不是很熟悉，因此，提供双语标牌不仅可以帮助游客减少语言障碍带来的困扰，还可以让外国游客感受到城市的热情和友好。调查团队还发现CBD地区的收费停车场标牌仅有中文字样，缺少相应的双语翻译，例如位于蓝堡国际中心和东方梅地亚中心的收费停车场均只设立了中文标牌说明收费标准，没有用英文将其翻译出来（如图55和图56所示）。

图 54　位于国贸地铁站的路牌 　　　　图 55　位于蓝堡国际公寓北区的停车牌

图 56　位于东方梅地亚中心的停车牌

六、北京 CBD 地区公共标牌语言景观的提升策略

北京 CBD 是我国对外开放程度和经济实力的象征，也是北京作为现代化国际大都市的一个重要标志。针对实地调研所发现的问题，调研团队提出以下策略。

（一）标牌形象：常新化

公共标牌需要定期更新和维护。根据《北京市户外广告设施、牌匾标识和标语宣传品设置管理条例》的规定，市城市管理部门具体负责本市牌匾标识和标语设置的管理工作，会同有关部门对牌匾标识和标语设置的管理工作进行检查和考核，组织制定、宣传相关政策和规范。因此，如"西大望路路牌"等交通标志牌损坏老化时，应首先报告市城市管理部门，有关人员根据实际情况做出指导建议并提供相应维修技术支持，需要根据情况选择修复或更换。如果交通标志牌只有轻微污渍或褪色而导致外观和使用效果问题，可以通过清洗表面、调整颜色等方式进行恢复性修理；但如果支撑结构受损或严重变形，则需要立即更换新标识牌。如位于金地广场的消火栓标识，市城市管理部门需要针对该类标牌清理整治情况开展督查，并加强常态监管，对清理不彻底、悬挂不规范的标牌限时纠正到位，确保不反弹不重复。要求对工作性质相似、涵盖内容相近、服务对象相同的标牌进行整合；对标识与功能不符、无实质性业务或已失效的标牌，一律摘除撤销。任何单位和个人不得为违反户外广告设施设置规划的户外广告设施提供设置载体。如"蓝堡国际物业管理处"标牌上贴有纸条等现象，属于语言景观相关管理政策和维护措施还未到位，需要更加维护标牌形象，检查到位。

（二）标牌语言：规范化

公共场所设置外语标识，应当遵循谁设置、谁负责的原则，符合合法性、规范性、服务性和文明性的要求。在城市轨道交通站点，大型国际活动承办、接待场所，文化、旅游重要公共文化场所，经营管理者应当同时设置、使用外语标识。北京CBD公共标牌中存在漏译等现象。为确保信息传达准确完整，促进国际交流与合作，提升北京CBD地区在国内外的影响地位，外语标识译写应当规范化，符合外语译写标准以及外语使用习惯和国际惯例。市政府外事部门应根据实际情况，聘请外语专家组成专家顾问团，建立翻译小组，为规范设置、使用外语标识以及有关行政部门开展监督管理活动提供咨询、指导等专业意见，规范专门专业的标牌翻译体系。同时，及时发现并整改漏译、错译等翻译问题，和国内外知名专家交流，有效提升翻译质量。具有相关外语标识专业知识的人才，也应积极参与志愿服务，组织开展标识设置志愿活动。相关部门也应对相关的活动提供必要帮助和支持。

（三）标牌影响：积极化

一是关注文化敏感性。在翻译和表达时理解不同文化之间的差异，避免可能引起的误解或冒犯。二是利用现代技术。可以考虑使用电子显示屏或其他多媒体手段，通过图片、动画等形式增强信息的传达效果。三是注重公共标牌的教育和宣传功能。通过教育和宣传活动提高公众对外语标牌的认知度和重视度，鼓励人们在使用公共设施时注意并遵守标牌指示。

通过上述措施，可以显著提高外语公共标牌的积极影响，使其成为促进社区和谐、提升公共服务质量的重要工具。

七、结论

本文通过对北京CBD地区公共标牌的实地观察和语料收集，以语言景观的语码使用为基础，从语码选择、语用选择、读者选择三个方面分析北京CBD地区语言景观的呈现特征。通过观察和收集该地区公共标牌发现，北京CBD地区公共标牌在设计管理和标牌翻译方面存在一些问题。针对调研发现的问题，本文提出以下建议：适当增加汉语传统字体的使用；考虑置放形式，根据商场特色和地域风格来选择和布局公共标牌；相关部门应针对标牌缺损、内容重复等现象采取相关措施，规范标牌设置和管理；相关部门应及时发现并整改漏译、错译等翻译问题，建立翻译小组，规范专门专业的标牌翻译体系；建立健全各单位如物业单位、街道管理的相关监管体制，面向社会开展规范标准的宣传。北京CBD地区经济特色鲜明，同时展现着中国的经济形象。希望本文能为北京建设发展献出微薄之力，为促进北京CBD地区发展而努力。

新兴高端商务区的媒体宣传策略
——北京丽泽金融商务区与北京中央商务区的对比研究

寿梦杰　王佳怡　王青

（首都经济贸易大学外国语学院，北京，100070）

摘　要：本文通过对北京丽泽金融商务区与北京中央商务区（CBD）的对比研究，探讨了新兴高端商务区的媒体宣传策略。研究发现，丽泽金融商务区作为北京的新兴高端商务区，在媒体宣传策略方面展现了不同的发展路径和特色。丽泽金融商务区积极引进重点企业，构建以金融和科技为主导的产业链，并计划打造数字金融科技示范园，以推动首都数字金融的高质量发展。在宣传策略方面，丽泽金融商务区采取了全方位、多角度的线上线下互动形式，全面展示其特色和优势。相比之下，北京中央商务区（CBD）作为成熟的高端商务区，其媒体宣传策略可能更侧重于维持和提升其作为国际商务和金融中心的地位。本文通过分析大型商圈的媒体传播效用，了解媒体宣传方式的种类，从传统类媒体、网络媒体及自媒体三种宣传方式出发，对比两大商圈媒体宣传方式的异同，从而提出媒体宣传方式优化的可行性建议，以推进北京市两大优势商圈媒体宣传的高质量发展。

关键词：商务区对比研究；媒体宣传策略；北京丽泽金融商务区；北京中央商务区（CBD）

一、北京丽泽金融商务区与北京中央商务区概况

（一）简介

北京丽泽金融商务区（以下简称"丽泽商务区"），是北京新兴金融产业

集聚区和首都金融改革试验区，也是金融科技创新示范区的主阵地。丽泽商务区位于中心城区西南，紧邻核心区。《北京城市总体规划（2016年—2035年）》指出：丽泽金融商务区是新兴金融产业集聚区、首都金融改革试验区。高质量规划建设丽泽金融商务区是深入实施北京城市总体规划和丰台分区规划，主动承载首都功能、带动城市南北均衡发展，促进京津冀协同发展，打造首都发展新的增长极的重要任务。

北京中央商务区（以下简称"北京CBD"）位于朝阳区，是高端商务的承载地。这里高楼鳞次栉比，税收"亿元"楼宇共百余座，万余家外资企业聚集，已经是与纽约曼哈顿、巴黎拉德芳斯、香港中环比肩的国际级商务中心区。今天，北京CBD形成了以国际金融为龙头、高端商务为主导、总部经济为特色、文化创意聚集发展的产业格局，同时大力推动优势产业与数字经济融合创新发展，数字经济、科技金融、新型消费、高端时尚等新业态亦成为发展亮点。

（二）战略定位与发展目标

丽泽商务区以支撑首都现代服务业发展的重要功能区、现代化大都市高品质建设的典范地区为战略，计划于2025年完成中期建设，城市航站楼投入使用，金融龙头机构企业入驻、品牌效应建立，生活场景基本构建，人才社群初步培育；计划于2030年全面建成，产业能级持续扩大，实现优势引领，成为产城融合、宜业宜居的示范城区，成为首都发展新的增长极；计划于2035年成为具有国际影响力的全球新兴金融高地，成为历史文化与自然生态永续利用、与现代化建设交相辉映的新金融中心。

北京CBD旨在发挥国际化资源优势，打造国际金融开放前沿区、跨国公司地区总部和高端商务服务集聚区、世界时尚商业引领区，全力推进国际一流商务中心区建设，形成北京对外开放高地。

（三）入驻企业

丽泽商务区自2023年以来紧抓"两区"建设机遇，加大招商引资和走访服务企业力度，引进企业67家，其中金融企业8家，科技企业36家。

随着华为中国总部、中国银河证券股份有限公司、中国物流集团有限公司等重点企业相继落户，截至2024年3月29日，丽泽商务区入驻企业共计1 182家，其中金融企业477家（新兴金融企业443家，占金融企业总数的

92.8%），科技类企业 343 家。2024 年以来引进企业 55 家，其中金融企业 6 家、科技企业 25 家，丽泽商务区已经成为首都金融产业的投资热土，"金融+科技"生态体系逐渐完善。

央行数字货币研究所、银河证券、中国农业再保险、中华联合保险、长城资产、中铁资本、中国物流集团资产管理等央企重点金融板块，以及建信金科、楚天龙、金证金科、恒宝东方等多家优质数字金融类企业入驻丽泽商务区（见图1）。

图 1 丽泽商务区入驻企业（部分）

北京CBD功能区总部企业 455 家，跨国公司地区总部 110 家，40 个高端领域龙头企业 238 家；中心区聚集了 4 030 家外资企业，占全市的 13.4%；汇集世界 500 强 160 余家，其中跨国公司地区总部 55 家，占比超过 30%，成为北京市跨国公司地区总部聚集度最高的区域。北京CBD有超过 1 万家外资企业聚集在此，跨国公司地区总部、国际金融机构和国际组织均占全市的 50%，是外资机构进驻中国的首选地，更是北京对外开放的重要窗口。

北京CBD拥有国际金融机构 104 家，占全市的 70%；拥有 40 个领域前十强的代表性企业 238 家；是国际信息传播的枢纽和国际时尚文化地标，聚集着北京90%、超170家国际传媒机构，包括中央电视台、人民日报、华尔街日报、美联社、路透社、CNN、BBC等。

2023年1月至9月，北京CBD功能区新注册企业9 774家，同比增长20.6%；新注册外资企业461家，总数超1.2万家，占全区70%以上。

北京CBD与丽泽商务区在企业数量和规模方面存在显著差异。北京CBD 2023年新注册企业数量超过10 000家，拥有总部企业455家，跨国公司地区总部110家，外资企业也超过10 000家。相比之下，丽泽商务区2023年的新注册企业仅为67家，目前总企业数量为1 182家（见表1）。从这些数据来看，北京CBD在吸引企业入驻、集聚总部经济和外资企业方面具有明显优势，整体规模和影响力较大。因此，北京CBD在规模和实力方面相较于丽泽商务区更为突出。然而，尽管丽泽商务区目前规模不如北京CBD，但它仍具有巨大的发展潜力，随着未来规划和建设的不断完善，它有望成为金融和高科技企业的聚集地，进一步促进区域经济的发展。

表1 北京CBD与丽泽商务区企业数量对比

	北京CBD	丽泽商务区
2023年新注册企业	大于10 000家	67家
总部企业	455家	—
跨国公司地区总部企业	110家	—
外资企业	大于10 000家	—
科技企业	—	343家
金融企业	—	477家
总企业	—	1 182家

北京CBD与丽泽商务区的共同点在于它们都是北京市政府发展规划中的重点区域，享有政策支持和地理位置的优势。然而，在企业数量和发展规模方面，北京CBD明显领先于丽泽商务区。

二、北京丽泽金融商务区与北京中央商务区对比研究

（一）媒体宣传方式

媒体宣传无所不在，各种各样的宣传方式也不断进入大众的认知中，不

断刷新人们的视野，为人们了解外界提供了一个可触及的平台。除人们的日常生活，媒体宣传最常出现的就是企业集群、大型商圈、娱乐场所等需要以此扩大知名度的圈子，用于吸引人才和资金的地方。媒体作为信息源的传递口，自古就有之，随着人们生产实践的逐渐深入，以及生产力和生产技术的进步，媒体宣传逐渐演变成符合当下时代的形态，从开始的纸类介质、有线电视广播到今天的互联网新媒体技术，媒体宣传方式紧跟时代步伐，传递有效信息。在科学技术的加持下，方便快捷的媒体形式应运而生，在各行各业中发挥着自身的传播价值。

1. 定义

"媒体"是一个广泛的概念，可以代指各种传播信息的渠道、工具和平台，用于传达和传播社会中出现的信息；可以是专业机构或组织；也可以是当下互联网中的流量代表。"媒体"一词来源于"Medius"，意为两者之间。它是传播信息的媒介，也是人们用来传递信息与获取信息的渠道、载体、中介物或技术手段。信息源传递到受信者接受外来信息的过程，主要依靠媒体这一技术手段，实现信息传递和宣传推广。媒体有两层含义，一是指承载信息的物体，二是指储存、呈现、处理、传递信息的实体。如今社会中，我们随处可以捕捉到媒体宣传的痕迹，它给我们的日常生活带来了新鲜事物。这得益于互联网的发展促进了媒体行业的更新迭代，便利了一切信息源的传递。

媒体宣传经过长久的发展，形成了 21 世纪以互联网为依托的新兴媒体技术形态。媒体宣传的种类大致可以分为传统类媒体、网络媒体与自媒体，它们都是当下较常见的媒体宣传方式。媒体宣传方式的使用往往会影响社交群体或圈子的社会价值，在大型商圈的媒体宣传中，媒体关系与媒体资源则更为重要，这是大多数从事品牌公关行业的人群所要面临的话题。在信息量爆炸的时代，信息的有效传递更加举足轻重，能应时寻找媒体的关注也是当下扩大知名度的有效方式。一个影响力大的强势媒体能让特定内容人群定位更加准确，传播范围更广及话题曝光量更大。合适的媒体宣传方式对于企业形象塑造有着重要意义。

随着互联网技术的不断发展和运用，新兴媒体行业应运而生，信息源传递有了更为便捷的方式。新兴媒体的热潮也吸引着越来越多的用户群体，尤其是年轻用户。相对来说，传统的纸媒行业则面临着创新的挑战，是否要做出相应的技术调整以适应时代需求，成为传统纸媒的抉择。

2. 媒体宣传——北京CBD

北京是我国的文化中心，也是我国文化传媒产业发展最好的城市之一，在北京——定福庄国际传媒产业走廊，新闻业、出版业、影视业、网络业、会展业、演出娱乐业、音像业等文化传媒产业正在形成一个大型国际传媒产业板块，在全国文化传媒产业集聚区具有极强的引领性和代表性。自北京CBD成形以来，在政府政策支持的前提下，地理位置的优越性和群体效应凸显，北京CBD同时注重发展文化传媒产业，这也使CBD媒体宣传取得良好效应的背景加持，媒体关系和媒体资源丰富，宣传渠道具有可选择性。北京CBD充分运用拓展了媒体宣传的传播价值，成为中国三大国家级中央商务区之一。

1）传统类媒体

媒体宣传方式在不同时代有不同的主流形态，经过不断的发展，衍生出不同的渠道。传统类媒体是相对于近年来兴起的网络媒体而言的概念，但传统类媒体并非仅仅运用纸质报纸和杂志等载体来传递信息，实施创新手段，跟随潮流机制来调整自身经营模式，开辟了互联网模式，提升了时效性和大众接受度。传统类媒体基于自身特有的优势，既能为读者提供深层次的解读，以文字来传递事实，同时也方便特殊类群体阅读，这是当下网络媒体和自媒体稍有欠缺之处。

传统类媒体分为三类：国家级媒体、地方性媒体和行业类垂直媒体。北京CBD在传统媒体宣传上有比较显著的传播效应。根据概念来说，国家级媒体是指由政府直接管辖、直接服务于国家及政府的官方媒体。北京CBD—定福庄国际传媒产业走廊位于朝阳区，2008年中央电视台和北京电视台迁入北京CBD，吸引了大量与这两家电视台相关的传媒公司迁往北京CBD及周边地区，其中还包括世界华人传媒业中最具有影响力的电视机构——凤凰卫视、中国最具权威性的国家级报纸《人民日报》、重要的区域性日报《北京青年报》，同时还开拓国外媒体宣传渠道，比如路透社、美联社、法新社、共同社、塔斯社、埃菲社、安莎社等世界著名的通讯社，《时代》杂志、《华尔街日报》、《美国新闻周刊》等国际著名报刊，CNN、VOA、BBC、欧洲广播联盟等国际电视广播机构。以上媒体机构的迁入，很大程度上提高了北京CBD的曝光率，打开了国内外媒体平台的知名度，让国内外企业、群体和资本能够快速且全面了解北京CBD。

2）网络媒体

网络媒体是指借助互联网，以电脑及移动电子设备等为终端，以文字、声音、图像等形式来传播新闻信息的一种数字化、多媒体的传播媒介。相对于传统纸媒、广播和电视，网络媒体具有传播广、交互强、效率快、自由度高、个性化等明显的优点与特性。互联网时代下，大多数传统类媒体均已布置移动网络平台。除此之外，新浪、网易、搜狐、腾讯、凤凰网、今日头条等重点门户和信息聚合平台也是媒体宣传的重点选位（见图2）。

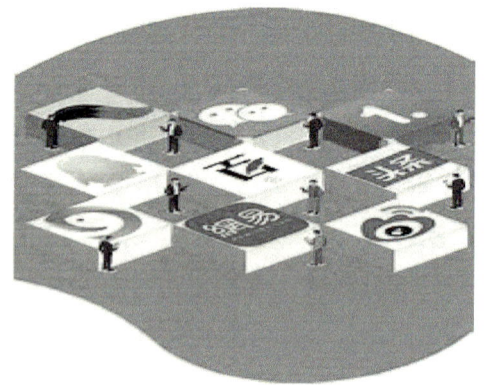

图2 网络媒体图标

北京CBD在网络媒体方面目前拥有国际最著名的新闻影视娱乐集团时代华纳、维亚康姆、沃尔特迪士尼等167家跨国文化传媒企业；世界排名第一的数字网络国际贸易公司阿里巴巴集团、世界著名的网络搜索公司美国雅虎公司；国内知名门户网站新浪、网易、千龙等在内的34家网络公司等新兴网络媒体企业也在北京CBD占有一席之位。就媒体关系和媒体资源来看，北京CBD拥有着优势地位，能更快地抓住时代发展的潮流。

3）官方媒体

官方媒体通常是指属于官方、由官方支持或控制、具有官方背景或放映倾向的媒体。本文中的官方媒体指代北京CBD与丽泽商务区管理运营的官方账号，以及其他媒体企业对北京CBD和丽泽商务区在互联网平台发布的官方宣传。官方媒体是互联网时代下新兴的媒体宣传方式，以互联网技术为支撑，获取网络时代下的流量关注，让信息源更加精准地投放到目标人群，以在互联网平台实现零距离、低成本、高效率的信息传播，让大众打破信息茧房，获取到有效信息。

北京CBD在互联网平台上具有一定的知名度，这离不开各大媒体对它进行的宣传。截至目前，以国内社交平台新浪微博为例，CBD的官方账号"北京CBD之窗"（见图3），拥有粉丝4.5万人，视频累计播放量53.4万次，这说明了网络时代下的媒体宣传具有一定的传播价值。

图3　北京CBD官方微博账号

百度作为中国最大的互联网搜索引擎，不仅在国内稳坐龙头地位，同时也在全球范围内取得了显著的发展和领先位置。北京CBD的百度官方账号"北京CBD官方发布"（见图4），拥有3.3万粉丝，发布内容上百条，一直在更新着北京CBD的发展动态。

此外，还有当下正流行的短视频平台抖音，北京CBD官方账号"北京CBD之窗"（见图5）拥有约4.2万粉丝，获得了5.3万个赞，并发布了163部作品。其中包括"艺探CBD"系列合集，展示了北京CBD区域的艺术新元素和文化地标，有效地提升了北京CBD区域的影响力和知名度。

图 4 北京 CBD 官方百度账号

图 5 北京 CBD 官方抖音账号

北京CBD的官方微信公众号名称为"北京CBD之窗"（见图6），其简介为"全面、准确、权威、深度报道CBD区域内重大时政、财经、社会新闻，成为您了解北京CBD的窗口"。该公众号拥有370篇原创内容，显示了其在内容创作上的活跃度和对信息质量的重视。

北京CBD之窗
北京商务中心区管理委员会
北京

全面、准确、权威、深度报道CBD区域内重大时政、财经、社会新闻，成为您了解北京CBD的窗口。

370篇原创内容
视频号：北京CBD之窗

图 6　北京 CBD 官方微信公众号

以上四个官方账号均体现出北京CBD在互联网平台上的宣传力度，也反映了北京CBD与时俱进的步伐。此外，一些官方媒体和视频媒体也在宣传着北京CBD，比如人民网视频、腾讯视频、好看视频和哔哩哔哩等都有过对CBD的视频宣传。

经过官方媒体的宣传，北京CBD收获了一定的传播效应，适时抓住时代流量进行宣传，提高了其在互联网时代下的知晓度。

3. 媒体宣传——丽泽商务区

北京市丰台区政府大力支持丽泽商务区的发展，体现在招商引资、人才引进、交通调整、城市规划等诸多方面。当下丽泽商务区的定位主要还是新兴金融区，以金融+科技建设数字金融市场商务区，这是未来发展的新兴趋势。在对国内外宣传下，自然就吸引了相关企业前来入驻，这也得益于丽泽商务区在宣传方面所作的努力。北京"四个中心"建设指出了丽泽商务区所赋予的国际化和文化传播的功能建设属性，在媒体宣传方面则需要认真策划，发挥好宣传的有效价值。

从近几年的宣传来看，丽泽商务区的宣传多集中于丰台区政府报道，传播渠道较为单一，社会宣传力稍显不足，这是目前需要改善的地方所在。为此，丽泽商务区在媒体宣传方面可适时进行一些调整，跟上时代发展的宣传轨道，从而更好传播自身有效价值。

1）传统类媒体

从丽泽商务区以往的宣传中可以得知，传统类媒体宣传方式是丽泽商务区的首选，发展中诸多亮点和成就多是由官方经营的平台进行宣传报道。

观察近几年的宣传条目可以知晓，丽泽商务区的官方报道由北京丽泽金融商务区官方网站、北京丰台区政府、北京丽泽金融商务区管理委员会、丰台时报数字报、央广网及北京市人民政府网站等进行（见表2）。宣传报道以丽泽商务区近期发展概况为主。

表2 丽泽商务区相关报道

媒体名称	报道内容
北京丽泽金融商务区	北京丽泽商务区宣传片
北京市发展和改革委员会	彩云下的丽泽商务区
央广网	数字化转型 看见丽泽金融商务区背后的力量
北京市丰台区人民政府	丽泽金融商务区展区荣获2023年服贸会两项最佳 目前商务区入驻企业共计1 091家

其中，央广网刊登一则标题为"跨越式成长、数字化转型 看见丽泽金融商务区背后的力量"的报道，让我们了解到近年来丽泽商务区发生了翻天覆地的变化，而丽泽蝶变的背后，除了有各级领导及政府部门的关心、支持，也与丽泽控股集团的深耕密不可分。正是有了以上报道，我们才得以了解到丽泽商务区发展背后的默默努力。

北京市丰台区人民政府一直大力支持、推动丽泽商务区的发展，此前有过一则"丽泽金融商务区展区荣获2023年服贸会两项最佳，目前商务区已入驻企业共计1 091家"的报道，在此次服贸会上，丽泽商务区作为丰台重要"展示窗口"，以着眼未来的展区设计、如火如荼的现场氛围、亮点纷呈的展示内容，向世界递出了一张倍增发展"金名片"，引发了一场金融与科技交融的新盛宴，吸引了万余名参观者的目光，并得到了央广网、新华网、中国新闻网、北京日报、北京青年报、新京报等众多媒体平台的专题报道和高度评价。

由此可以看出，丽泽商务区在官方媒体上的宣传是比较出色的。此外，北京丰台官方发布也有大量报道丽泽商务区、关注丽泽商务区的多方发展动态。在传统类媒体宣传方式上，丽泽商务区的宣传价值有目共睹，具有一定的社会传播成效。

2）网络媒体

网络媒体是当下社会中传播快速、影响广泛的媒体群，是政府、企业、私人等会选择的宣传渠道，信息涉及面广泛，社交价值含量高，是当下互联网生活中不可缺少的媒体宣传方式。

丽泽商务区在网络媒体宣传方面做出了努力，而其他网络媒体也对丽泽商务区表现出浓厚的兴趣。近期，中国经营报、东方财富网、中国经济时报、证券时报、中国新闻网、青瞳视角等网络媒体对丽泽商务区进行了关注，丽泽商务区的发展趋势和特色定位是这些媒体的关注要点。

"以新质生产力为动能，北京丰台交出高质量发展答卷"，这则信息来源于中国经营报官网（见图7），我们可得知数字金融"新高地"加速形成，即丽泽商务区迎来了第1 000家入驻企业TTMFS中国总部——易付达网络技术服务（中国）有限公司正式落地。据了解，在北京，国贸、金融街等作为传统的金融商务区，汇聚了诸多行业头部企业，但Thunes最终将大中华区总部选择在了丽泽商务区。北京丽泽金融商务区工委副书记卢军表示，丽泽金融商务区将积极引入优质企业和发展伙伴，打造数字货币技术和应用生态圈，构建全球数字金融交流窗口和发声平台，激发金融、数字、科技创新融合发展，全力推动丽泽金融商务区实现倍增发展。

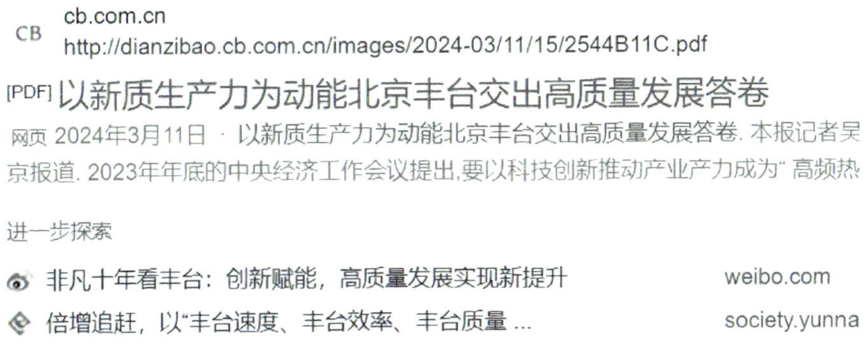

图7 中国经营报官网

3）官方媒体

相对于北京CBD，丽泽商务区的官媒宣传内容形式较为单一、数量较少、传播力度不明显，间接导致丽泽商务区在自媒体方面稍显劣势，社会传播力后劲不足。从调查结果来看，丽泽商务区自媒体官方账号主要集中在微博与微信公众号。

丽泽商务区的官方微博名称为"北京丽泽"（见图8），其微博粉丝数为1 233，转评赞数量为888，内容更新较少。

图8　丽泽商务区官方微博

丽泽商务区的官方微信公众号名称同样为"北京丽泽"（见图9），其简介为"宣传、推广北京丽泽金融商务区的投资环境、招商项目、投资政策和相关活动；发布北京丽泽金融商务区各项工作信息和相关产业动态；为投资者提供投资咨询、信息引导等综合服务"。目前，该公众号已发布144篇原创内容，每篇浏览量在30至1 000之间波动，显示出其在公众群体中的关注度有待提高。为了更有效地吸引公众关注，宣传策略需要进一步优化和调整。

其他视频媒体方面，网络中能浏览到的有哔哩哔哩、好看视频（北京冬奥）、北京丰台区官方发布、腾讯宣传视频、优酷视频等，但大多数视频内容单一，多是丽泽商务区发展片段，时长在7分钟左右，其传播效果并不明显。丽泽商务区没有适时地抓住"流量"并有效利用当下流行的宣传方式，其曝光率明显低于国内其他商务区。由此可知，媒体宣传方式的调整是提升知名度的必要之举。

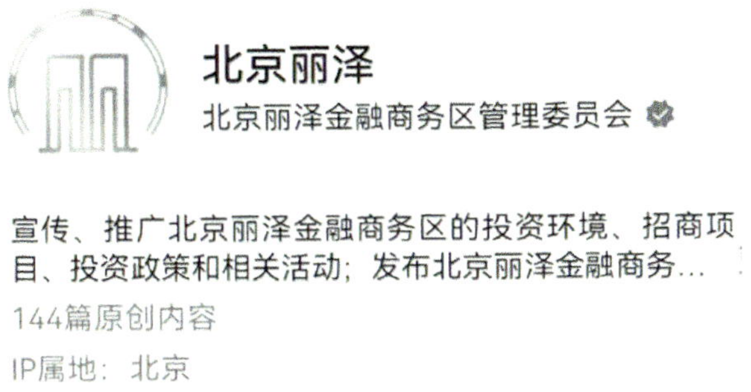

北京丽泽
北京丽泽金融商务区管理委员会

宣传、推广北京丽泽金融商务区的投资环境、招商项目、投资政策和相关活动；发布北京丽泽金融商务…

144篇原创内容
IP属地：北京

图9 丽泽商务区官方微信公众号

4. 媒体宣传方式对比

1）媒体宣传渠道

通过上文的介绍，可知北京CBD与丽泽商务区在媒体宣传渠道方面颇有差异之处。图10展示了两大商务区在近5年互联网中可以搜索到的媒体宣传领域，纵轴代表近5年的相关媒体数量。

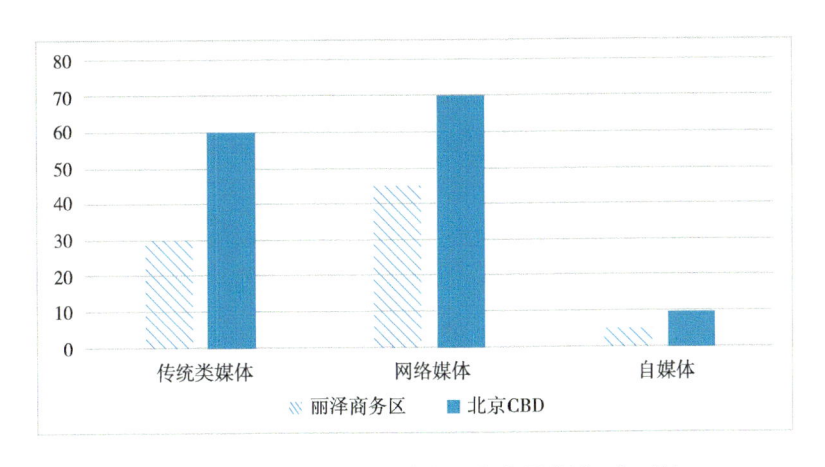

图10 北京CBD与丽泽商务区宣传渠道近5年对比

通过对比，可以发现两大商务区在媒体宣传领域中都有涉及，传统类媒体、新兴媒体及自媒体行业都有相关踪迹，报道都侧重自身的发展重点和近期动态。相比之下，北京CBD的宣传渠道优于丽泽商务区，北京CBD适时利用主流媒体的影响力，跟上时代的步伐，在不同渠道内建立新的官方账号。同时，渠道复合性强，数量较多，传播力广泛，并且国际传播也有涉猎，这也基于北京CBD汇聚了国内外著名媒体企业（如图11所示）。丽泽商务区虽也有涉及，但主要渠道集中于政府经营的传统类媒体，宣传渠道单一化，宣传力度需要提高。丽泽商务区网络媒体报道也较多，但就影响力来看，此处政府经营类的传统媒体要优于网络媒体。在互联网流量时代下，网络媒体的影响力和自媒体的传播力则稍显不足，这是丽泽商务区需要关注的点。

图 11　北京 CBD 相关媒体宣传图

2）宣传内容

为迎合当下中国新时代经济发展高质量建设、城市经济高水平提升，建设城市特色商务区自然就体现了其重要性。作为首都重点发展的两大商务区，北京 CBD 和丽泽商务区在经济发展转型时期也做了部分调整，从相关宣传报道就能看出其媒体宣传内容侧重点。

通过网页（Microsoft Bing）搜索，关于北京 CBD 的内容大约有 32 300 000 条，各类媒体号都包含其中，内容丰富多样（见表 3），标题上到"世界商务区的登顶之路"，下到"北京 CBD 临时工：我从不羡慕白领"。媒体对于北京 CBD 的关注点也不局限于其"商业"特质，关键词种类多样，比如安邦退场——北京 CBD 黄金地块的"复活劫"、"元宇宙·第二三里屯商街"开街，甚至有关于北京 CBD 的美食评选——商务美食评选暨"CBD 金碟奖"。通过这些媒体关键词，可以看出北京 CBD 的商业服务涵盖范围广，因而宣传内容也多样化。2021 年 4 月 25 日，北京市朝阳区人民政府印发《北京市朝阳区国民经济和社会发展第十四个五年规划和二〇三五年远景目标纲要》，提出要完成北京商务中心区核心区建设；推进北京商务中心区文化设施、地下公共空间等项目建设；完善景观设计和建设，打造文化艺术地标，积极建设城市广场、开放式公园；规划建设商务中心区智慧城市系统。在政府方面加持下，媒体的宣传内容也趋于多元化，包含"地下公共空间建设""完善商场服务设施""城市景观建设""生活服务"等关键词。

表3　北京CBD相关媒体报道

商务区	媒体名称	报道标题
北京CBD	人民网	流动的北京CBD——经济科技
北京CBD	BBTnews	CBD：世界商务区的登顶之路
北京CBD	中国日报网北京频道	北京CBD首批"时光见证人"讲述区域变迁
北京CBD	腾讯新闻	北京CBD：从迎合华尔街到靠拢金融街
北京CBD	知乎专栏	仅用20年，北京CBD浓缩了世界顶尖数百家企业

在网页（Microsoft Bing）中，丽泽商务区的检索内容约2 040 000条，与北京CBD一样包括各类媒体报道，但数量上明显少于北京CBD。从内容上看，丽泽商务区的媒体报道多是官方报道（见表4），比如丰台区人民政府官网所发布的内容，关键词定位于"金融+科技""金融创新活水，赋能丽泽投资沃土"等，聚焦于丽泽商务区近几年发展方向。丽泽商务区媒体宣传总体趋向于"金融+科技"，这与丽泽商务区的"三步走"发展步骤相对应。2023年，丽泽在中国国际服务贸易交易会金融服务专题展亮相，绚烂而丰盈的数字金融科技盛宴同时呈现。预计到2024年，丽泽的企业总数有望超过1 200家，将进一步推动"金融+科技"产业链的深度融合和生态建设。丽泽管委会相关负责人表示："未来三年，丽泽将围绕'金融+科技'两大主导产业，锚定数字金融、普惠金融、产业金融、绿色金融等方向，着重布局'6552'产业细分赛道，即6条新兴金融赛道、5条底层技术赛道、5条金融专业服务赛道、2条基础设施赛道。"与北京CBD媒体报道相比，丽泽商务区媒体宣传内容则聚焦于自身发展定位和未来规划，较少涉及其他内容。

表4　丽泽金融商务区相关媒体报道

商务区	媒体名称	报道标题
丽泽商务区	新浪财经	发展"金融+科技"丽泽金融商务区加速聚集新质生产力

续表

商务区	媒体名称	报道标题
丽泽商务区	北京市丰台区人民政府	丰台区召开丽泽金融商务区发展情况汇报专题会
丽泽商务区	北京市人民政府网站	丰台区：丽泽金融商务区公布一季度"成绩单"引金融创新活水

从以上宣传内容来看，北京CBD媒体宣传注重全方位报道，多方面结合，涉及招商引资、核心区多功能建设、企业服务、文娱活动及商圈消费等，不局限于CBD商业方面报道。相反，丽泽商务区的媒体报道则突出重点，强调"金融+科技"，结合丽泽未来发展进行对应宣传。这样的发展方向也会导致媒体侧重点有所差异。无论内容是否具有同一性，媒体首先就得注意多样化和精细化，内容涉及面要广，质量上要注意内容的可读性，要结合商务区的发展动态和亮点部分，进行有针对性的传播。同时，还需结合当下社会发展的总体风向和社会的所需所求进行报道，让宣传内容趋于多样化和精巧化。

3）宣传流量

北京两大商务区使用了不同的媒体宣传方式，因而在传播过程中产生了不同的宣传流量，既影响媒体宣传的选择权，也影响这两大商务区的宣传成效。通过宣传流量的对比可以直观地了解到两大商务区在媒体宣传上的差异性以及在社会中的知名度。

通过其传统类媒体、官方媒体及网络媒体宣传数据可以得知，北京CBD和丽泽商务区在传统类媒体宣传流量上的差异具有一致性，政府相关的媒体部门都予以重视，地方性的垂直类媒体同样给予关注，特别是金融相关媒体官方报道。差异主要体现在两大商务区的官方媒体和网络媒体，本节以微博和抖音两大社交平台进行对比，以小见大（如表5所示）。

表5 两大商务区官媒对比（以微博和抖音为例）

官方媒体	北京CBD视频累计播放/获赞量	北京CBD粉丝数量	丽泽商务区视频累计播放量	丽泽商务区粉丝数量
微博	53.8万次	5.1万个	7 849次	1 241个
抖音	5.2万次	4.2万个	—	—

可以看出，北京CBD在互联网时代下，跟随时代的节奏明显快于丽泽商务区。在网络运营方面，北京CBD则更有优势，在我国当下用户集群最大的两个平台上，其关注度都要远远大于丽泽商务区，且丽泽商务区还未开通抖音这一平台宣传渠道。通过生活中常用平台的流量对比，不难看出丽泽商务区需要加强网络媒体宣传，开发复合式宣传方式。北京CBD则趋于"年轻化"，能通过洞察当下时代的流量所在，来进一步巩固自己的宣传。

（二）网站建设

1. 网站建设的重要性

步入21世纪以来，我国的互联网行业和网络技术产业发展迅猛，网媒数量也在飞速上升，官方网站作为互联网发展伊始就出现的一种新媒体平台，经过多年发展，已经具备一定的生存优势，能够在快速发展的新媒体环境中占有一席之地。但与此同时，日新月异的媒体传播形式的不断出现，也让官方网站的发展面临巨大的挑战和威胁。例如，微博、抖音、小红书等新兴媒体不断出现，其采用娱乐化的形式进行宣传，吸引了很多人的关注，一定程度上分散了网站的关注度。

如何建设网站，使其吸引更多的关注，是新时代的必修课。网站需具备权威性、全面性、系统性的特点，能够详细全面地介绍其信息、最新活动、历史脉络，并为想要入驻的企业提供政策支持。因此，网站建设对于宣传企业形象、发布产品与服务信息、在线维护用户关系、开展电子商务与网络营销、促进企业宣传方面有着重要的作用。

北京CBD与丽泽商务区都是北京市内颇具影响力的商务中心区域。在网站建设方面，它们各具特色，以下将从目标受众、宣传重点和设计风格三个方面进行对比。

2. 网站建设——丽泽商务区

丽泽商务区的网站曾通过丰台区人民政府的官网进入，网址为http://lize.bjft.gov.cn/。但是，近期该网站处于无法打开的状态，已被停止使用。新的网站由北京丽泽金融商务区控股集团有限公司建立，名为丽泽控股（见图12）。网站中的主要板块为企业介绍、新闻中心、园区动态、招商引资、党建文化、丽泽E服务等，每个板块下都进行了系统的分类，内容丰富有序。

图 12　丽泽商务区官方网站

园区动态板块中详细介绍了丽泽商务区近期开展的各项活动，简单生动的文案为其营造了良好的产业形象；企业介绍板块介绍了丽泽控股的基本信息及发展现状；新闻中心板块描绘了丽泽控股举行的一些活动及项目；招商引资板块有许多境内境外的招商信息，有利于有意向入驻丽泽商务区的企业进行查看与联系。另外，网站中有许多丽泽的风景图，将其营造成集魅力与国际化于一身的商业园区。

但是，值得一提的是，在百度引擎中搜索丽泽商务区的官方网站时，搜索结果大多为丰台区人民政府官网中对丽泽商务区的简短介绍。由此可以看出其网站的普及性、官方性都有一定的欠缺，可能会使得一些企业想查询入驻政策时出现一些困难。此外，该网站的商业化气息较重，趣味性较为欠缺。

3. 网站建设——北京CBD

北京CBD没有独立的专属网站，但在北京市朝阳区人民政府官网首页"走进朝阳"板块中的特色街区里有北京CBD的介绍板块（见图13），其中详细介绍了北京CBD的各个标志性建筑，且每个建筑都有自己独立的介绍板块，布局清晰，内容丰富，讲述了其历史文化、发展模式、未来规划以及公交地铁线路，极大地提升了读者的便利性。

另外，北京市朝阳区人民政府官网显示，其网站总访问量为569 352 797人次，可见其流量较大，因此具有强有力的宣传效果。

图 13　北京市朝阳区人民政府官网

北京CBD的标志性建筑有北京中信大厦、国贸大厦、北京银泰中心、京广大厦、中央电视台、总部大厦、人民日报社、总部大楼、北京广播电视台大楼、SOHO建筑群、国际贸易中心、建筑群等。除了朝阳区人民政府官网介绍外，这些建筑也有其独立的网站，各具特色，具有国际化色彩，为人们提供了更加细致的信息。

4.北京CBD与丽泽商务区网站建设对比

首先，从目标受众来看，北京CBD作为北京的商务核心区，其网站更多地面向国际企业、外资企业和大型企业，因此网站内容和语言更加国际化。而丽泽商务区可能更多地关注国内企业、初创企业、中小型企业，网站内容更注重国内市场和本地化（见表6）。

表 6　两大商务区网站建设对比

	丽泽商务区	北京CBD
是否有独立网站	是	否
国际化程度	低	高
网站重点	招商引资	对外宣传
目标受众	国内企业	国内外企业

其次，从宣传重点来看，北京CBD借助网站来表现其高端商务、国际化、大型企业集聚等特色，突出展现了其商业活动、文化艺术和时尚等内容。而丽泽商务区的网站更强调其产业园区、科技创新、创业孵化等特点，更突出展示企业入驻和产业政策等内容。

最后，从设计风格来看，北京市朝阳区人民政府网站整体采用大红色风格，极具中国特色，高端大气，信息布局简单明了，文案也较为正式朴素。北京CBD各个建筑的网站也各具特色，整体的设计风格更加偏向现代化、国际化，突出了北京CBD区域高端大气的形象。丽泽商务区的网站更注重实用性，模块较少，详细介绍了丽泽的历史与现状，喜欢用较有吸引力的文案营造良好的产业形象，便于企业、创业者查询相关政策、服务等信息。

5. 改进建议

首先，北京CBD与丽泽商务区的网站独立性都不尽如人意，北京CBD网站直接合并到朝阳区人民政府网站中，而丽泽商务区的官网则与其公司官网合并，这使得宣传效果大大降低。因此，二者都应先建立其独立的网站，提高专业度，并加强宣传。

其次，加强网站的国际化建设。两大商务区的发展壮大一定程度上与其国际化程度密切相关。因此，可以加强多语种网站建设，不局限于英文，要增加网站语言选择种类，确保外资企业能够清晰地了解到商务区的各项政策。

最后，网站功能建设也十分重要。两大商务区的网站板块内容都相对缺乏，客户体验舒适度不够。我们要为用户提供良好的浏览环境和体验效果，跟上时代的步伐，适应数字化发展趋势，建立健全电子商务、多媒体、人机交互等功能，增强业务能力。

三、结论

（一）北京 CBD 与丽泽商务区的异同之处

1. 媒体宣传方式

媒体宣传方式方面，本文主要从三类媒体形式分析北京CBD和丽泽商务区各自的发展情况，分别是传统类媒体、网络媒体和自媒体。通过图表分析方式，可以直观发现两大商务区都有各自倾向使用的媒体平台来宣传自身发展热点。同时，从宣传渠道、宣传内容及宣传流量三个维度分析两大商务区的异同，通过互联网搜索整合两大商务区的媒体宣传事件，得出北京CBD和丽泽商务区的媒体宣传方式异同点，主要有以下三点：

第一，在宣传渠道方面，两大商务区近几年积极利用多种宣传渠道，相关媒体平台都能看到两大商务区的宣传踪迹。但是，北京CBD的宣传渠道优于丽泽商务区，宣传渠道趋于多元化，国际传播也有涉猎，能适时跟上时代发展趋势。相比之下，丽泽商务区宣传渠道则稍显单一，以国内宣传为主，宣传渠道多是当地政府加持的传统类媒体。

第二，在宣传内容方面，两大商务区虽然有各自的侧重点，但内容都涉及未来规划、商务经济区建设、配套设施、娱乐服务等，以促进城市经济高水平提升，建设城市特色商务区。北京CBD内容量明显多于丽泽商务区。北京CBD在宣传内容方面不局限于其"商业区"特质，其标题关键词种类多样，内容趋向多元化。丽泽商务区的报道则多是官方报道，宣传总体趋向"金融+科技"一类，这也与当前丽泽商务区的发展方向相关联。

第三，在宣传流量方面，两大商务区在各自媒体平台上都有一定的流量度，因内容受众不同，所获得的关注度也有差异，但总体上都需要进一步提升。差异性则体现在两大商务区的官方媒体和网络媒体使用上。北京CBD在网络运营方面更有优势。丽泽商务区则需要加强网络媒体宣传渠道，开发复合式宣传，让流量带动商务区发展。

2. 网站建设

在网站建设方面，北京CBD和丽泽商务区各有特色。北京CBD和丽泽商务区都是北京市内的主要商务和金融中心，集中了众多国内外企业的办公楼、金融机构、高端酒店和商业设施。两个商务区的官方网站都提供了各自商务区内的最新资讯、发展规划、企业情况等相关信息。北京CBD是众多著名建筑的集合称呼，无专属网站，北京市朝阳区人民政府官网里对各个建筑进行了详细的介绍，布局清晰大气，文案简单朴素，容易查找。其中各个建筑的独立网站整体的风格也更加偏向现代化、国际化，突出其高端大气之感。丽泽商务区则更加注重国内市场，因此着重介绍其产业园区创业孵化、招商引资等内容。

（二）对北京CBD与丽泽商务区的意见与建议

1. 媒体宣传方式

媒体宣传是当下数字化时代的信息传递者，上到国家发展改革，下到人民娱乐生活，都能感受到媒体宣传的存在。我国各级政府推出的融媒体中心、互联网时代日益更新和推出的各类新媒体平台、社会生活中流行的社交平台等，都是当下连接外部信息的纽带，改变着我们接受外界信息的方式。随着我国信息技术、网络技术的不断创新，新媒体得以实现，它打破了原有媒体的传播格局，使信息传播具有鲜明的当代特色，同时更加符合国家经济发展和市场导向的需求，为商业传播开辟了一条现代化发展之路。

北京CBD和丽泽商务区在传统类媒体方面都有政府加持，朝阳区和丰台区政府都有大力宣传策划，两大商务区拥有得天独厚的地理优势，特别是在招商引资方面，政府提供了多方渠道。在互联网加持的媒体宣传方面，两大商务区都需进行调整，以增强自身在互联网时代下的流量值。以下是提出的三点调整建议：

第一，完善新媒体、融媒体宣传方式等平台运营。定期维护两大商务区官方网站，美化官网页面，更新官网内容；微博、微信公众号等媒体平台要做到定期推送相关信息、发布创意视频等，如CBD官媒负责人员可以定期更新微博内容，以亮眼标题和时事内容吸引流量，同时完善微信公众号运营。丽泽商务区则需要侧重微博这类网络官媒宣传，丰富内容并提高关注度；在抖音、Twitter、Ins等流行社交平台上注册官方账号，注重国际宣传；完善融媒体平台运营，以便扩大商业传播范围。

第二，打造各类媒体推广阵地。当下与商业传播相关的媒体项目在进行媒体推广与展示时，大多更偏向于权威性高、专业性强的事业机构、地方信息网站、地方纸媒等平台，而忽视短视频、直播等媒体平台。两大商务区都需注重这类新兴平台的宣传效果，比如抖音官方号直播和微信视频号等。新媒体环境具有丰富的传播平台，它们各有所长，且受众范围也各有不同，因此要合理地分配传播内容，结合不同平台的特点，选择适配度较高的展现形式，重视起新媒体赋能传播，打造矩阵式媒体推广阵地，充分发挥互联网媒体环境下各类平台的优势，实现两大商务区传播全方位覆盖。

第三，引导多维互动式传播，双向式信息运输。融媒体的出现开辟了媒体传播的全新领域，使传播思维从灌输式宣传转变为大众化传播，传播模式由扁平式传播进化到矩阵式传播，传播方式由独立式传播拓展到共享式传播，传播路径从单向式传播扩展到多维互动式传播。但在商业传播的实际操作中，有些媒体仍然以灌输式、扁平式、独立式、单向式传播为主，忽视了融媒体传播的广泛性、即时性和互动性等优势。因此，两大商务区要适应时代发展，重视起融媒体赋能，引导多维互动式传播，以达到同时满足受众个性化信息需求与传播者收集反馈的目的。

2. 网站建设

网站建设方面，对于北京CBD，朝阳区人民政府网站虽有各建筑的介绍，但其内容仍有一定的局限性，建议建立北京CBD专属的网站，突出产业集聚的优势和风格，吸引更多优质企业入驻。对于丽泽商务区，建议进一步优化其网站布局，提升企业形象，提高国际化水平，从而增强国际影响力，吸引更多外企入驻。

语言智能新基建支持北京自贸区数字经济发展研究设计[①]

刘重霄　刘海树

（首都经济贸易大学外国语学院，北京，100070）

摘　要：本文基于北京自贸区智能语言服务与数字经济发展现状研究，进行了研究内容分析与规划设计，从现状调查、模式打造、路径探索、模型优化等方面设计了研究思路，从建设四语信息中心、打造实践平台、建构实践应用体系等维度设计了研究内容，制定了调研规划，完成了语言智能新基建支持北京自贸区数字经济发展研究的整体设计及前期的基础性工作。

关键词：语言智能；北京自贸区；数字经济；研究设计

一、引言

中国共产党第二十次全国代表大会报告提出实施自由贸易试验区提升战略。建设自由贸易试验区，是以习近平同志为核心的党中央在新时代推进改革开放的一项战略举措。当前中国（北京）自由贸易试验区（以下简称"北京自贸区"）建设正处于关键期，及时发现问题、总结经验、规划发展路径对自贸区发展至关重要。

二、北京自贸区智能语言服务与数字经济发展现状研究

（一）北京自贸区语言智能服务需求分析

北京自贸区七大任务之首是推动投资贸易便利化。这需要简化通关程

[①]　本论文为首都经济贸易大学教改立项"新文科背景下国际经贸组织全球胜任力校本培养的公共外语教学模式与体系研究"部分研究成果。

序和流程、营造国际贸易环境、提高服务质量，还要在规则制定、信息制造方面把握主动权（刘薇，2022），以便于国际传播，分享中国方案（司显柱，2021）。该目标的实现有赖于语言服务能力提升和"四个任务"（文秋芳，2019）的落实。北京自贸区的发展对语言服务有较大、较强需求。语言服务面向自贸区建设等国家战略，服务高质量发展。语言障碍度每下降10%，双边贸易额就增长20%（王立非、金钰珏，2018）。语言本身具有经济属性。国家经济发展、贸易强国建设离不开语言服务推进。随着现代科技和人工智能的发展，语言服务也开始了技术赋能的探索与尝试，国家和社会各界也在努力开发和打造语言智能产业。语言智能作为新基建，是发展生产的重要因素和数字经济的主要驱动力（李宇明，2020）。陈鹏（2017）认为，当前语言服务产业已经进入"语言智能+"时代，语言智能旨在运用计算机技术和信息技术，让机器理解、处理和分析人类语言，实现人机语言交互（胡开宝、田绪军，2020）。语言智能应用广泛，能够解决各领域与语言相关的实际问题（李佐文、梁国杰，2022）。沈骑（2022）指出，数智技术的蓬勃发展为语言资源的搜集整理、开发利用带来了极大便利。我国已是世界重要的信息化中心。如果信息化形成产业规模，中国就可能成为全球信息加工重地（李宇明，2023）。因此，对语言信息、语言服务产业进行技术赋能，形成产业集聚效应，可以推动北京自贸区更快更好的发展。

语言是信息的载体，信息呈现在不同的语言形态之中。国内语言服务研究关注传统话语信息，对语言智能数字话语研究不多（袁毓林，2021）。数字话语指运用新兴数字媒体传递信息的话语，包括文字、图像、音频和视频等多种模态（Darics，2015）。当前研究应关注语言智能数字话语资源，进行多模态话语研究。

综上所述，智能语言服务对促进北京自贸区发展意义重大，何处赋能、何人赋能、如何赋能、赋能效果等是该领域学界和业界在当前研究中应该予以关注的问题。

（二）语言智能与北京自贸区数字经济融合

北京某些高校已建立了中国语言智能研究中心、人工智能与人类语言实验室等平台，但语言智能与数字经济发展相融合的成效不足。目前国内外都在进行语言智能研发与应用，自美国推出ChatGPT以来，中国也研发出文心一言等语言智能产品，为民生和商业带来了福利与机遇。语言智能可通过语音识别、自然语言处理和数据分析，提高客户服务效率；通过多语转化，服务全球性会议、会展、外交、电商平台。随着语言技术和计算机信息处理能力的提升，语言数据作为重要的生产力要素，在人工智能、大数据和算力、算法方面发挥重要作用。

习近平（2017）提出要构建以数据为关键要素的数字经济。2020年，国务院发布《中国（北京）自由贸易试验区总体方案》，将创新数字经济发展环境作为北京自贸区建设的主要任务和措施。当前自贸区面临数字基建、数字产业创新和数字国际治理等挑战（马莉莉等，2022），存在发展路径、制度创新、人才储备等问题（张遥等，2023）。通过文献梳理，研究成果主要集中于两个方面：一是产业创新与市场拓展。加强数字经济向三大产业渗透，激活数字经济的需求潜力（朱丹，2021）；推进新场景应用发展的同时，鼓励用好相关数据，为新技术及产品提供更多应用场景（李嘉美，2022）。针对数字产业化和产业数字化，俞立平等（2023）提出扩围、提质、增效。二是制度引导与规则制定。李浩楠等（2023）建议通过政策、市场、法制和服务等路径实施数字贸易规则改革创新。刘薇（2022）建议吸引跨国公司研发创新总部，引进国际数字规则。

语言智能新基建既是交往工具，又是智力支持系统核心，但于何处、如何创新数字经济发展需要进一步明确。通过理论研究和实际运行，建构语言智能支持数字经济发展的模式与路径，促进北京自贸区经济发展，将产生重大意义，主要体现在以下几个方面：

首先，可以将语言学、经济学和语言经济学等学科交叉融合，构建新文科理念指导下多学科支撑的经济发展模式和路径，形成新的理论建构，创新语言学在科技发展环境下的研究及应用范式。

其次，可以利用最新学术研究及技术成果，打造语言智能新基建支持下的数字经济发展创新模式，探索政产学研协同实践路径，拓展经济发展渠道，实现数字产业升级、自贸区经济发展和人才培养及储备。

最后，有选择地借鉴吸收欧美等国家人工智能研究成果，发挥北京科技创新中心功能，创建中国式现代化架构下的语言智能新基建和数字经济发展模式，形成可复制、可推广的制度创新成果，为中国自贸区发展提供决策咨询和北京方案。

三、研究内容分析与规划设计

2020年以来，北京发布《北京市关于打造数字贸易试验区实施方案》《北京市促进数字经济创新发展行动纲要（2020-2022年）》《北京市关于加快建设全球数字经济标杆城市的实施方案》等重要文件，举办全球数字经济大会，从制度建设、理论创新和实践应用等方面促进北京自贸区数字经济发展。

（一）前期工作

为了解语言智能和数字经济发展状况，本研究已经完成了以下方面的工作：

1.调研分析

（1）北京市商务局官网（含北京自贸区、中国服贸会等内容版块）。通过站内搜索语言服务相关资料，统计与分析高频词，建立了小型语料库。研究发现，网站内语言服务相关内容的报道或介绍性资料少，官方关注度不够。

（2）中国知网（CNKI）等资源平台。检索发现北京自贸区语言服务主题文献不足10篇，并且内容散、主题不聚焦，缺乏具体领域的顶层设计和可操作性研究。

（3）京内高校。通过人才培养方案研读和师生访谈，调研了5所在京高校的语言服务人才培养状况，发现与行业结合的实践性项目和创新性活动有待增加。

（4）北京自贸区企业。调研了43家北京自贸区辖区企业，发现样本企业语言服务形式传统，内容老套，建议增加技术融入，提高语言服务的技术含量和智能化水平。

2.团队建设

（1）政产学研团队。成立了北京自贸区语言服务学术与实践研究中心，由该领域内10位专家组成团队。该团队为北京冬奥会奥组委官网翻译新闻稿件、视频字幕等30余万字；整理中国共产党党代会（十四大至二十大）报告（中、英、法等版本）中的经贸术语，建设了中英、中法经贸双语语料库；与北京市哲学社会科学中央商务区（CBD）发展研究基地合作，服务北京丰台、朝阳国际化商务区建设。

（2）校企团队。与传神语联网网络科技股份有限公司等7家语言服务机构合作，致力于财经术语（中英）语料库开发与应用。

（二）研究设计

1. 研究思路

本研究按照发现问题、分析问题、解决问题的思路开展和推进（见图1）。自贸区提升战略引发创新数字经济思考；通过梳理北京自贸区数字经济、语言智能文献，形成新基建支持数字经济创新研究思路；通过打造语言智能+数字经济信息平台、新业态、应用场景和服务体系，创新数字经济的生成环境、发展环境、应用环境和从业环境；通过协同政产学研资源，开发四种实践路径；通过问卷、访谈及案例，考察实施效果，优化路径，检验并修正模型；归纳总结研究成果形成研究结论。

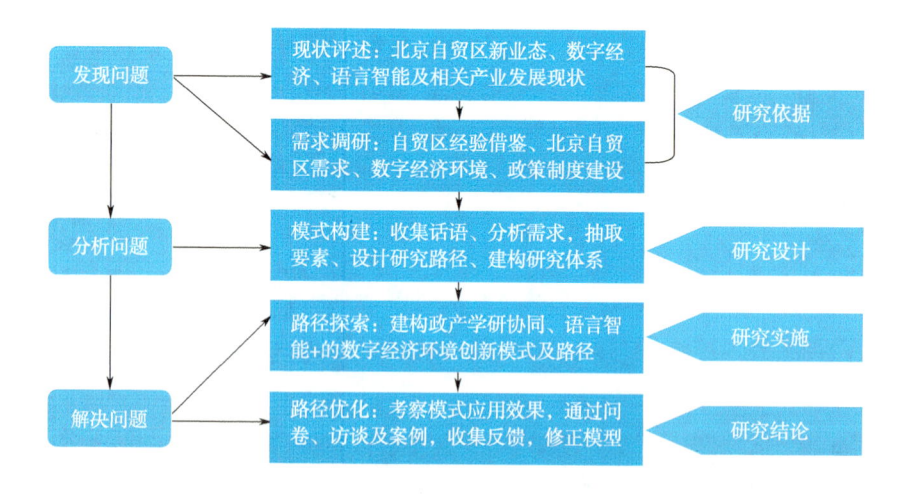

```
发现问题 → 现状评述：北京自贸区新业态、数字经       → 研究依据
            济、语言智能及相关产业发展现状
          → 需求调研：自贸区经验借鉴、北京自贸
            区需求、数字经济环境、政策制度建设

分析问题 → 模式构建：收集话语、分析需求，抽取       → 研究设计
            要素、设计研究路径、建构研究体系

解决问题 → 路径探索：建构政产学研协同、语言智       → 研究实施
            能+的数字经济环境创新模式及路径
          → 路径优化：考察模式应用效果，通过问       → 研究结论
            卷、访谈及案例，收集反馈，修正模型
```

图1 研究技术路线

2. 研究流程

1）现状调查

搜集中国数字经济和语言智能文献，了解研究现状；对比欧美国家该领域研究，有选择地借鉴吸收成果；考察北京自贸区数字经济及制度建设，调研各垂直领域的语言智能需求，分析现存问题，为探索数字经济与语言智能融合奠定基础。

2）模式打造

打造语言智能新基建支持下的北京自贸区数字经济发展创新模式（见图2）：

（1）打造新业态，创新数字经济生成环境。语言技术助推人工智能的产业已成为数字经济新模式，新一代大语言模型、生成式AI产品将成为语言智能支持下的数字经济新业态。

（2）打造信息平台，创新数字经济发展环境。建立语言智能人机交互翻译中心，进行语言转换和信息制造，提供信息保障；翻译引进国际规则，创新本土制度，提供制度保障；集聚语言智能研发及应用产业，构建全球语言信息产业生态，提供产业保障。

（3）打造应用场景，创新数字经济应用环境。打造全球商务、资讯、技术创新及传播和多语城市生活四类应用场景。利用大数据语料库进行场景需求分析，为不同场景创建适宜的数字经济模式和形态，拓展数字经济应用空间。

（4）打造服务体系，创新数字经济从业环境。嵌入信息检索、语音识别、语言合成等语言技术工具，提供智能化政务服务、信息化商业服务、便利化生活服务，做好数字经济新基建。

3）路径探索

本研究创设以下实践路径：

（1）利用高校学术资源、语言服务企业研发资源，校企协同开发数智语言信息平台；

（2）为企业进行定制式翻译、引进国外先进数字技术，创新数字经济形态；

（3）人才培养与储备、数字经济推广、语言智能提升融合，服务数字经济应用场景；

（4）政产学研协同，创新制度，嵌入语言智能服务，便利数字化业务办理和环境改善。

4）模型优化

实地考察北京自贸区语言智能支持数字经济提升的效果，通过问卷、访谈、案例分析等，检验上述系列措施时效，查漏补缺，及时优化模型，改进政策。

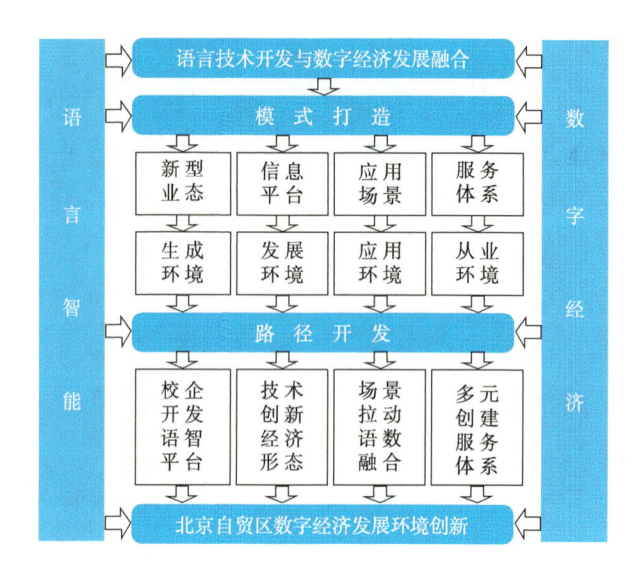

图 2　语言智能新基建支持北京自贸区数字经济发展的模式与路径

3. 内容设计

1）应用语言智能，建设四语信息中心

开发语言智能人机交互翻译中心进行信息制造，以信息流带动技术流、资金流、人才流，促进资源配置优化，助力北京自贸区双循环经济升级，推动北京四语（中、英、法、日）信息集散枢纽建设，为自贸区获取各类发展信息提供保障。搭建语言智能研发及应用平台，发挥产业集聚效应，形成拥有优质人力资源、AI、ChatGPT等先进技术能力及高效服务能力的四语信息处理产业集群，构建自贸区全球语言信息产业生态（见图3）。

2）分析语言产业上下游和应用场景，打造实践平台

语言服务由提供方、购买方、咨询、研究、教育、技术、行业协会等要素构成，拥有完整的上下游产业链条。上游包括译员、翻译机构、信息服务机构、数据搜集和清洗机构、大数据服务机构、技术服务机构、数字内容加工机构；下游包括软件开发、教育培训、语言研究、服务外包、创意设计、出版、印刷、旅游、情报等多种行业。语言服务极高的产业关联度，决定了其丰富的应用场景，如全球化商务场景、多语城市场景、技术传播场景和全球资讯场景。基于场景需求、语言智能、技术赋能，开发语料库，打造计算机辅助翻译平台、机器翻译平台、人机交互翻译平台、以ChatGPT为工具的资讯处理平台。

图 3　数字经济背景下智能语言服务的内容框架

3）开设国际化服务，建构实践应用体系

根据北京国际交往中心和自贸区发展需求，结合语言学研究成果和信息技术，本研究将从国际化政务服务、商业服务、生活服务着手，提升北京自贸区语言服务能力。

（1）国际化政务服务。

打造"平台+窗口+服务"三位一体的国际化政务服务体系。构建北京自贸区线上、线下涉外企业注册登记服务平台，将智能化语言服务嵌入相关政府服务系统；人机结合，开设北京自贸区多语种涉外服务窗口，集中涉外企业业务办理和咨询；政务服务人员技术赋能，解决语言、专业、信息方面的涉外服务障碍。

（2）国际化商业服务。

通过校企联合开发行业语料库、智能商务语言小程序，为外企、进出口企业、本土企业提供多语种工商、金融、税务、法律、人力资源等全方位国际化商业服务套餐，助力各类企业在北京自贸区扎根做强。

（3）国际化生活服务。

将文化要素融入智能化语言服务系统，落地到社区、学校、企业等，在就业、居住、消费、就医、教育、娱乐等日常活动中，通过系统大数据连通，提供定制化、融入式多语服务。

简而言之，本研究将主要依托智能语言信息服务模式和处理技术，打造数字经济创新模式及路径；基于语言智能应用和数字经济发展，建设多元化团队、语智平台，开展数字经济田野调查和场景应用实验，建设支持数字产业的多语智能翻译平台、教学模拟实训平台、行业语料库，创新数字经济发展。

4.调研规划

结合研究目标和主体内容，本研究将开展系列调研活动，基本设定如表1所示。

表1 调研设计

目标	方式	对象	预期结果
洽谈软件开发、语料库建设	以线上线下相结合的方式进行问卷及访谈	传神（Transn）等企业高管	联合开发小型语料库
语言智能新基建与数字经济发展需求	考察参观、现场访谈	中国移动技术研究院	掌握语言智能研发与数字经济融合状况
数字经济发展规划、政策制定、场景及服务体系打造	学习文件、实地调研与访谈	北京市商务局、北京市朝阳区政府、北京市通州区政府、北京市大兴区政府	建立实践基地，交流供求信息，合作开发语智项目

四、结语

本研究落脚于语言智能、数字经济和北京自贸区三个领域，希望本研究成果为北京建设全球数字经济标杆城市提供理论和对策参考，为北京商务局、北京"两区"职能部门建设自贸区提供政策参考，为其他省市自贸区提供数字经济发展创新的可行方案，推动中国自贸区整体经济发展；同时，在本研究实施过程中也将进行广泛的校企交流和学术研讨，为高校人才培养及自贸区人才储备提供参照。

语言智能、数字经济与北京自贸区的发展相融合，是一个全新的事物，需要进行多学科交叉研究，技术融合应用；需要掌握多学科、多领域前沿信息和研究成果；需要收集新规则、新业态方面的国内外资料；此外，数字话语的采集、加工和分析，语料库开发，牵涉数据产权，需要建立多方资源共享机制。针对以上问题，本研究拟采用团队培训、校企联手、政产学研协同等方式。本研究完成了前期的基础性工作，后续将进入具体、细化的实质性研究阶段，产出更多有价值的成果。

博物馆实地语言景观调查报告
——以北京地区18家国家一级博物馆为例

贾冬梅　仇俊奕　杨婷婷

（首都经济贸易大学外国语学院，北京，100070）

摘　要：为了了解北京地区博物馆为中外游客提供的语言服务现状，我们对18家国家一级博物馆的语言景观开展了实地调查。这些博物馆的名称标识多采用中文，博物馆介绍多采用中英双语甚至多语，馆内导向标识以中英双语为主，展览介绍多为中英双语，展品介绍以中文为主，英文多用于展品名称、所属年代与朝代。馆内多模态科普资源多使用中文，提供双语服务的较少。故宫提供的语音讲解语言种类最多。英文翻译质量总体较好，但存在译文没有完整地呈现中文说明的内容、译文与中文内容不相符、同一场馆对相同中文名称的英译不一致、版面不美观等问题。国家一级博物馆的语言景观仍需进一步改善。

关键词：国家一级博物馆；实地语言景观；中英双语；多语；英文翻译质量

一、引言

语言景观是不断变化的公共空间中出现或陈列的文字（Shohamy and Waksman, 2009），在某个特定区域内由公共道路标牌、广告牌、街道名、地点名、商业店铺标牌、政府建筑物公共标牌等组成（Landry and Bourhis, 1997）。语言景观能够反映语言的社会地位以及特定地区的历史和文化，能够影响当地文化的对外传播，还能够体现一个地区的语言服务水平。作为民族文化的科学研究、社会教育、宣传保护与传承机构，作为文化交流与合作的窗口，博物馆为公众提供学习平台，语言景观是其重要的宣讲媒介。

我们在中国知网以"博物馆语言景观"为主题词进行检索，发现目前少见对国家一级博物馆语言景观所作的研究，多见关于城市语言景观、旅游地区语言景观、民族地区语言景观的研究。例如，尚国文和赵守辉（2014）系统考察语言景观的定义、研究背景、研究方法、理论视角、发展前景及面临的挑战。张天伟（2020）述评了语言景观研究的路径、方法和理论进展，发现语言学、语言社会学等交叉学科议题在语言景观研究中逐渐得到重视。李稳敏（2020）在中国知网数据库中以"语言景观"及"linguistic landscape"为关键词筛选学术论文，对国内外语言景观研究进行了定量分析，发现国内语言景观的研究与相关教学呈上升趋势，跨学科理论在语言景观研究方面的应用增多，但还不够深入。付文莉和白丽梅（2020）运用CiteSpace计量方法，对2005—2019年中国知网收录的语言景观文献从年度发文趋势、主要发表期刊和学科分布、高被引文献和期刊、主要作者和发文机构、关键词共现等五个维度进行了可视化分析，发现国内语言景观的研究虽处于起步阶段，但呈上升趋势，具有跨学科、高被引文献较为集中、作者和发文机构较为分散、研究主题较为分散等特点。原明明（2020）考察了汕头新侨批文博物馆的语言景观，分析潮汕海洋文化核心概念的英译，讨论在翻译中如何有效地表述侨批的历史和文化内涵。赵学清和刘洁琳（2022）调研了澳门城市语言景观的多语使用情况及文字模态研究。他们发现，澳门城市语言景观中的多语现象较为突出，葡语的官方语言地位受到英文的冲击呈下降趋势，不同设立者和不同地理区域的标牌在语言文字使用和信息安排上具有差异。澳门城市语言景观文字模态选择的背后反映出不同的身份认同和价值观。巫喜丽和战菊（2022）对我国城市语言景观治理的发展现状进行了系统阐述，并在此基础上提出治理优化途径。王陈欣、余华和王嘉卿（2022）对中国某沿海城市的一家博物馆进行田野调查，运用地理符号学框架分析数据，提出语言景观能够反映出社会变迁。赵振华（2022）考察了恭城瑶族博物馆语言景观的信息和象征功能，并进行了量化分析。沈骑和孙雨（2023）以语言景观研究的空间符号互动为主要线索，从学科交叉视角探究语言景观对城市社会问题的关注，讨论语言景观研究的社会意义及其构建的空间社会性特征。孙维美和饶萍（2023）对中国丝绸博物馆进行了实地考察，分析了馆内语言景观存在的问题，提出改进方法，其目的是促进丝绸文化的继承和发展。周琰（2023）研究了河南省文博领域语言景观英文翻译的具体问题，包括误译、漏译、译文表达不准确和不规范等，并提出相应建议。

在中国博物馆协会公布的204家全国一级博物馆中，有18家位于北京市。

本项目在语言景观视域下，以这 18 家国家一级博物馆实地语言景观为调查对象，拍照收集素材，通过对样本进行分类、描写、分析和对比，考察这些博物馆的语言景观特点，为完善语言景观提供参考。我们的实地调查自 2024 年 3 月 1 日起，于同年 5 月 24 日结束，全面采集了位于北京市的 18 家国家一级博物馆的静态和动态语言景观，获得约 1 500 张图片。其中，静态语言景观包括场馆内所有文字信息，如场馆简介牌、展览说明、展品名牌、展品介绍牌、导向标识牌、标语等。动态语言景观以场馆内电子屏幕播放的视频为主，包括多媒体语音解说、LED 屏幕展示、体验游戏等。

二、语言景观特征

语言景观具有信息功能和象征功能，前者指语言景观可以反映出一个地区的语言使用情况，后者指语言景观可以反映出语言权势、社会身份和地位（尚国文、赵守辉，2014）。我们发现，中英双语语言景观在这 18 家博物馆比较常见。除中文和英文外，有些博物馆在场馆简介牌上还使用日、韩、法、俄等语言。

（一）博物馆名称标识

在这 18 家博物馆中，12 家用中文书写置于正门醒目位置的博物馆名称，6 家用中英双语书写。用中英双语书写时，中文在上，英文在下（见表 1、图 1 和图 2）。

表 1　北京地区国家一级博物馆名称标识语码

博物馆名称	名称标识语码	博物馆名称	名称标识语码
中国地质博物馆	中、英	故宫博物院	中
北京汽车博物馆	中、英	北京鲁迅博物馆	中
中国科学技术馆	中、英	中国革命军事博物馆	中
中国航空博物馆	中、英	北京自然博物馆	中
中国国家博物馆	中、英	周口店北京人遗址博物馆	中
清华大学艺术博物馆	中、英	中国印刷博物馆	中
中国人民抗日战争纪念馆	中	中国电影博物馆	中
首都博物馆	中	北京天文馆	中
恭王府博物馆	中	中国农业博物馆	中

图 1　故宫博物院名称标识

图 2　中英双语博物馆名称标识

（二）博物馆简介牌

在对这 18 家国家一级博物馆进行实地调研的过程中，我们注意到其中有 6 家在正门入口附近设置了多语博物馆简介牌，有 5 家设置了双语简介牌，有 7 家未在入口处设置简介牌（见表 2 以及图 3 至图 6）。表 2 中的"—"表示未在正门附近发现博物馆简介牌。总体而言，博物馆简介牌使用的语码种类数量呈"中>英>日/韩>法/俄"顺序。中文因其官方语言地位始终排列在其他语言之前，其次是英文。当文字横向排列时，中文在其他语码上方；当文字纵向排列时，中文在其他语码左侧。

表2　北京地区国家一级博物馆简介牌语码

博物馆名称	语码种类
中国地质博物馆	中、英、日、韩、俄
北京汽车博物馆	中、英、日、韩、俄
中国航空博物馆	中、英、日、韩、俄
首都博物馆	中、英、韩、日、法
中国科学技术馆	中、英、日、法
恭王府博物馆	中、英、韩
故宫博物院	中、英
周口店北京人遗址博物馆	中、英
中国电影博物馆	中、英
北京天文馆	中、英
中国农业博物馆	中、英
中国人民抗日战争纪念馆	—
中国国家博物馆	—
北京鲁迅博物馆	—
中国革命军事博物馆	—
北京自然博物馆	—
清华大学艺术博物馆	—
中国印刷博物馆	—

图3　中国航空博物馆简介牌（五种语码）

图 4 中国科学技术馆简介牌（四种语码）　　图 5 恭王府简介牌（三种语码）

图 6 故宫博物院简介牌（双语）

（三）导向标识

博物馆的导向标识包括场馆平面示意图、导向标识和位置标识等。它们在提升参观者的体验与保障博物馆的安全运行等方面发挥着举足轻重的作用（见表3）。

表 3 北京地区国家一级博物馆导向标识语码

博物馆名称	场馆平面图语码	导向标识语码
中国人民抗日战争纪念馆	中、英	中、英
故宫博物院	中、英	中、英
中国国家博物馆	中、英	中、英
中国科学技术馆	中、英	中、英
中国人民革命军事博物馆	中、英	中、英
中国航空博物馆	中、英	中、英
北京天文馆	中、英	中、英
首都博物馆	中、英	中、英
恭王府博物馆	中、英	中、英
周口店北京人遗址博物馆	中、英	中、英
北京汽车博物馆	中、英	中、英
北京自然博物馆	中、英	中、英
中国地质博物馆	中、英	中
中国电影博物馆	中	中、英
中国印刷博物馆	中	中
中国农业博物馆	—	中、英
北京鲁迅博物馆	—	中、英
清华大学艺术博物馆	—	中、英

从表 3 可以看出，北京地区 18 家国家一级博物馆的场馆平面图和导向标识多使用中英双语。其中，12 家博物馆设有中英双语平面图和导向标识，1 家设有双语平面图和中文导向标识，1 家设有中文平面图和双语导向标识，1 家的平面图和导向标识只使用中文。另外 3 家设有双语导向标识，但是我们未在其间看到场馆平面图（见图 7 和图 8）。

图7　恭王府萃锦园双语平面图　　　　　图8　故宫双语导向标识

在调研中我们发现部分博物馆的导向标识需要改进。例如，中国农业博物馆的部分导向标识只使用中文（见图9），部分展厅编号标志不够醒目，方向指示不够明确（见图10）。由于该馆是一组建筑群，展厅较多且较分散，这给参观者造成不便。在中国自然博物馆"A区一层"平面图中，虽然各展厅名称都用中英文双语标注，但是"A区一层"自身未被翻译成英文（见图11）。中国印刷博物馆只用中文指示出入口以及馆内方向（见图12）。我们建议中国农业博物馆提供中英双语平面图，并将展厅编号置于建筑物显眼位置，确保参观者无论从哪个角度都能轻松识别方向。中国自然博物馆和中国印刷博物馆需要完善导向标识。

图9　中国农业博物馆中文导向标识

图10　中国农业博物馆展厅编号

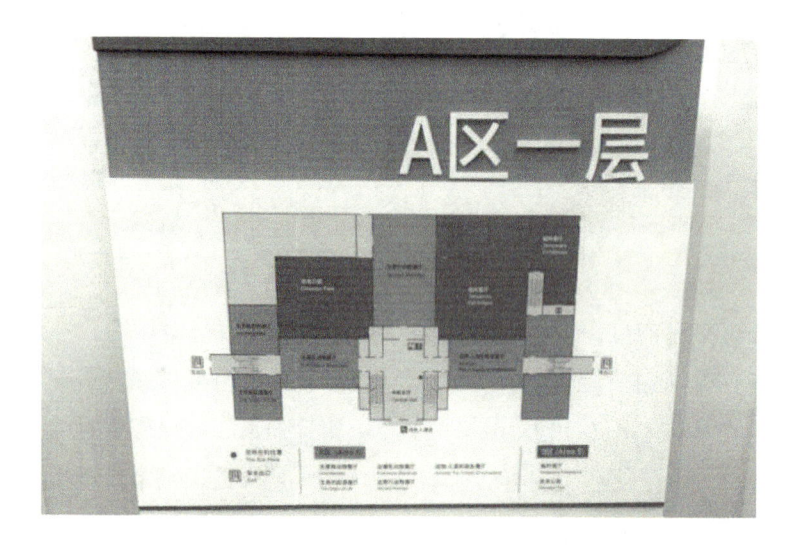

图11　中国自然博物馆场馆平面图

图12　中国印刷博物馆导向标识

(四)展厅文本

展厅文本包括展览内容介绍和展品说明。展览内容介绍及其翻译能够帮助中外参观者了解展品的历史背景、文化内涵和艺术价值,是博物馆实现教育功能、展现国际形象的重要载体。在调查中我们发现,在这18家国家一级博物馆中,有1家(北京汽车博物馆)使用5种语言介绍展览,15家在展览说明牌上使用中英双语,1家只用中文介绍展览,1家(中国农业博物馆)的大部分展厅使用中文介绍,另有两间展厅提供中英双语介绍(见表4)。在这18家博物馆的展品说明牌上,中文内容显著多于英文内容。我们发现,如果中文说明较短,那么博物馆会同时提供英文说明,反之则不提供英文说明。在表4中,我们用"中(英)"表示该场馆仅在中文展品说明较短时提供英文说明。

表4 北京地区国家一级博物馆展览与展品介绍语码

博物馆名称	展览介绍语码	展品介绍语码
北京汽车博物馆	中、英、法、德、韩(进步馆) 中、英(其他展厅)	中、英
故宫博物院	中、英	中、英
北京鲁迅博物馆	中、英	中、英
中国人民抗日战争纪念馆	中、英	中、英
中国科学技术馆	中、英	中、英
中国航空博物馆	中、英	中、英(室外) 中(室内)
周口店北京人遗址博物馆	中、英	中、英
恭王府博物馆	中、英	中、英
清华大学艺术博物馆	中、英	中、英
中国地质博物馆	中	中
中国国家博物馆	中、英	中、(英)
中国人民革命军事博物馆	中、(英)	中
北京自然博物馆	中、英	中、(英)
北京天文馆	中、英	中、(英)

续表

博物馆名称	展览介绍语码	展品介绍语码
首都博物馆	中、英	中、（英）
中国印刷博物馆	中、英	中、（英）
中国电影博物馆	中、英	中、（英）
中国农业博物馆	中（2、4、5、7、9号展厅） 中、英（8、10号展厅）	中、（英）

我们发现，中国航空博物馆室外展览和周口店北京人遗址博物馆等对展品的英文说明与中文说明内容一致（见图13）。故宫博物院、中国国家博物馆、北京自然博物馆、北京天文馆等一般用中英双语说明展品的名称、年代和朝代，用中文讲解展品（见图14）。首都博物馆的展品介绍含有古代汉语，即便是中国游客也无法完全理解其意义（见图15）。在对首都博物馆部分国际游客进行的现场采访中，我们了解到他们对参观并不满意。由于语言障碍影响他们了解展品，参观较为枯燥。

图13　中国航空博物馆展品说明牌　　　　图14　北京天文馆展品介绍

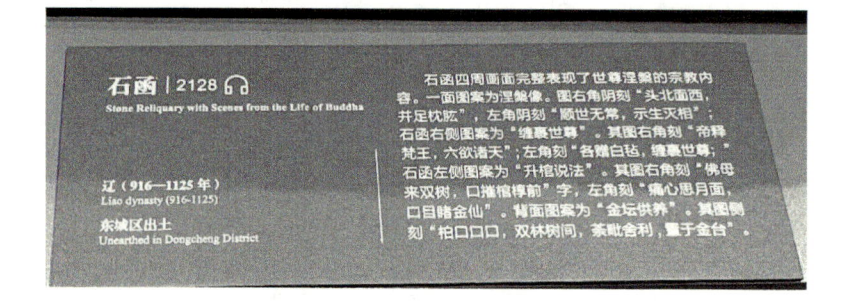

图15　首都博物馆展品介绍

我们也发现部分展览或展品说明牌的展示效果需要改善。比如，中国印刷博物馆地下展厅介绍中的英文字体过小，文字颜色与背景颜色相近（见图16），阅读难度较大。周口店北京人遗址博物馆和中国印刷博物馆的部分展品说明牌使用透明材质，有反光或者光线不足现象（见图17）。此类装置虽然不会遮挡展品，但需要注意光线的影响。我们建议相关场馆调节相关区域的灯光，以改进阅读效果。

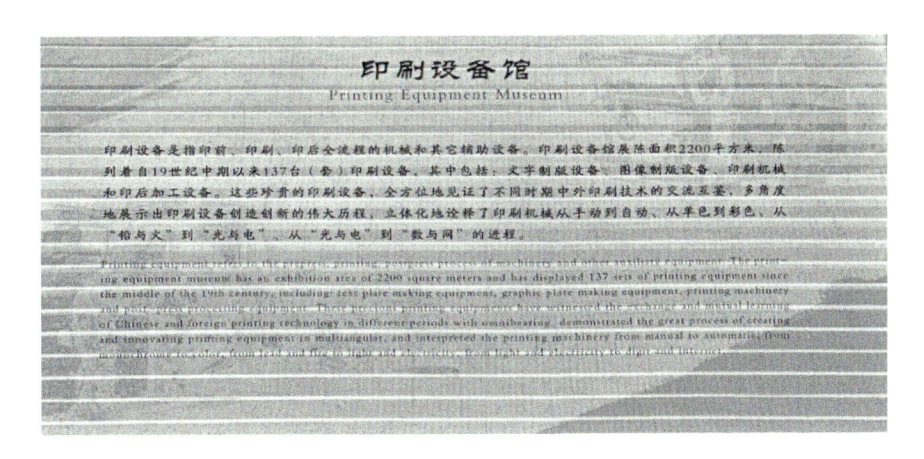

图16　中国印刷博物馆地下展厅介绍

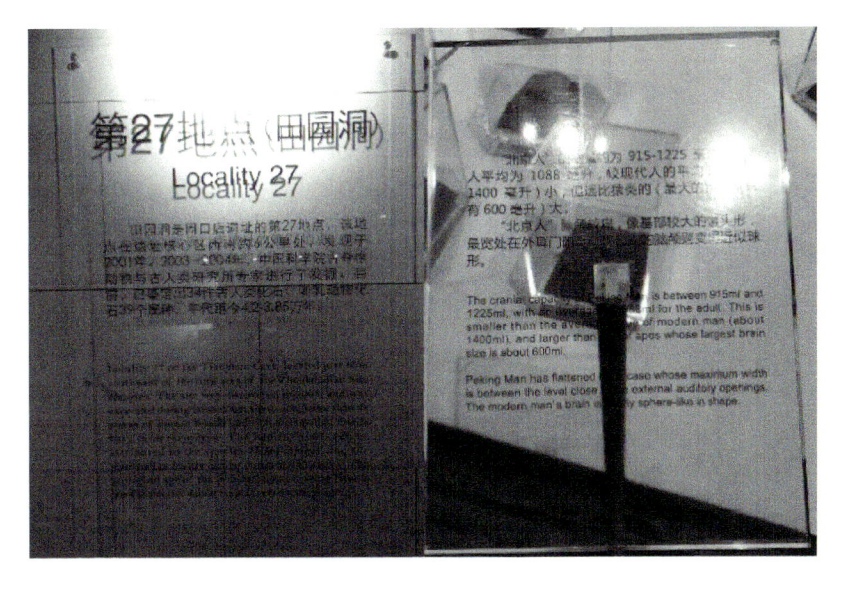

图17　周口店北京人遗址博物馆展览和展品说明

（五）多模态科普资源

博物馆的多模态科普资源主要由视频和触控屏多媒体展示提供。参观者可以借助高科技设备参与互动项目，拉近与展品的距离。我们在调查过程中也关注了各博物馆内多模态科普资源的语码使用情况，发现北京地区国家一级博物馆多模态科普资源主要使用中文，对国际游客的需求考虑不足。比如，北京鲁迅博物馆、中国人民抗日战争纪念馆、首都博物馆、周口店北京人遗址博物馆和中国印刷博物馆的触控屏设施仅提供中文服务（见图18）。中国科学技术馆的中医文化体验区以其独特的互动游戏和丰富的文化展示为参观者提供了解并体验中医文化的机会。在这个区域内，参观者可以借助触控屏进行脉象体验和体质测试活动。然而，目前该区域的此类说明活动仅提供中文文本，没有英文翻译（见图19），国际游客难以参与。北京自然博物馆、中国科学技术馆、中国人民革命军事博物馆、首都博物馆、北京天文馆、中国电影博物馆和北京汽车博物馆内的视频资源仅有中文字幕。中国地质博物馆的触控屏设施和视频均提供中英双语服务（见图20）。北京汽车博物馆的触控屏设施和中国印刷博物馆的视频提供中英双语服务。

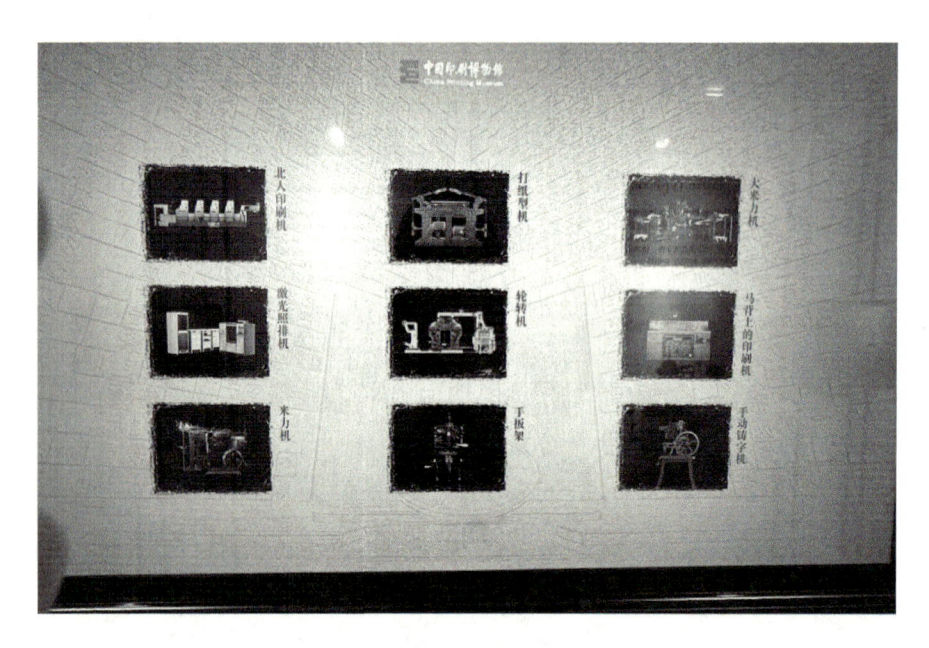

图18　中国印刷博物馆触控屏

图 19　中国科学技术馆触控屏

图 20　中国地质博物馆触控屏设施与视频

（六）语音讲解

在调查中我们发现，博物馆使用自动讲解器或者二维码提供收费或免费的语音讲解服务，并在入口处设置相关说明牌。使用者可以通过讲解器的自动感应功能在展品附近收听讲解，或者通过扫描展品旁或展示窗外张贴的带有耳机图案的二维码获取相关讲解服务。故宫博物院目前提供普通话、广东话、闽南话、藏语和维吾尔语等国内语言讲解服务，还提供三十多种国外语言的讲解服务（见图 21）。恭王府目前提供中文、英文、日文、法文和西班牙文的讲解服务（见图 22）。其他博物馆还需要丰富语音讲解的语言种类。

图 21　故宫博物院自动讲解服务说明牌

图 22　恭王府语音讲解扫码页面

三、翻译中的问题

我们在调查中发现，国家一级博物馆的英文翻译质量总体较好，但也存在一些问题，比如没有完整地呈现中文说明的内容、中英文内容不相符、同一场馆对相同中文名称的英译不一致、版面不美观等。

在故宫博物院的部分中英双语展品说明中，中文部分的内容没有在英译中得到全部体现。例如，在秦石鼓之一"乍原石"的说明牌中，英文部分只体现了中文部分中的一句，即"在官吏的率领下徒隶来整治道路，种植各种树木"，其余三句"本篇叙说修治道途。'原'即'三時原'，又名'南原'、'石鼓原'。……植树及治道都有时日的限制，分别是二日和五日"没有译出（见图23）。

中国人民抗日战争纪念馆的部

图 23　故宫博物院双语展品介绍

分展品介绍也有同样的现象。如图 24 所示，中文部分的"《反共产国际协定》的签订，标志着法西斯侵略集团的初步形成"一句没有译出，"欧洲战争爆发后，日本决定继续'专注于为解决中国事变而迈进'。……规定三国以一切政治、经济和军事手段相互援助"也没有译出。在中国人民抗日战争纪念馆对抗日志士许地山的介绍中，中文部分"1895 年回到祖国大陆"一句未被翻译为英文（见图 25）。在中国人民抗日战争纪念馆台湾人民抗战史展馆对作家杨逵的介绍中，中文部分是"杨逵（1905—1985），台湾台南人。他的作品大多表现出明确的阶级观点、无产阶级国际主义和民族立场。作品《送报者》是日据时期台湾无产阶级文学作品的代表"，英文部分的内容则是"It is the cause, it is the cause, my soullt is the cause, it is the cause, my soullt is the cause, it is the cause, my soullt is the cause, it is the cause. It is the cause, it is the cuase, my soullt is the cause, it is the cause, my soull"，与中文内容不符（见图 26）。同时，英文中存在断句与标点符号错误。段落中出现两次"soullt"，根据上下文，我们认为应该是"soul. It"的误写。段落结尾处的"soull"应该是"soul!"或者"soul."。

图 24 中国人民抗日战争纪念馆展品介绍

图 25 中国人民抗日战争纪念馆 许地山介绍

图 26 中国人民抗日战争纪念馆 杨逵介绍

在鲁迅博物馆对鲁迅生平的简要介绍中,"父亲科场失意,因病早亡。母亲含辛茹苦抚养兄弟三人"这两句在英文部分中也没有得到体现(见图27)。

对于同一个名称,恭王府博物馆有时音译,有时意译,处理方法不统一。我们在调查时发现恭王府名称中"恭"字出现两种翻译。在场馆说明中,"恭"被音译为"Gong";在开放信息中,"恭"却被音译为"Kung"(见图28)。馆内景点"秘云洞"在导向标识中被译为"Miyun Cave",在说明中却被译为"Secret Cloud Cave"(见图29)。另一景点萃锦园中有一处名为"榆关",在景点说明中它被译为"Elm Pass",在萃锦园区域导览图中被译为"Yuguan Pass"(见图30)。

语言景观的版面设计也应得到关注。如图31所示,中国地质博物馆的一面说明牌的英文部分时而紧凑时而松散,视觉效果需要改善。

图27　鲁迅博物馆鲁迅简介

图28　恭王府语言景观中"恭"字的两种英译

图 29　恭王府秘云洞的两种英译

图 30　恭王府萃锦园榆关的两种英译

图 31　中国地质博物馆说明牌

四、总结

通过对位于北京市的 18 家国家一级博物馆的实地考察，我们发现在博物馆语言景观中，中文由于其官方语言的地位始终居于首位，其次是英文。博物馆仅在总体场馆介绍、导向标识等情况下使用多语，展馆内相关说明以中英双语为主。对展品细节的介绍更多地使用中文，大多数视频也只有中文字幕。我们建议部分博物馆增设双语或者多语路线指引，改善标识的可见性和有效性。同时，为了加强对外宣传中国传统文化，博物馆有必要用英文对展品的历史背景和文化内涵做简要说明。虽然英文语音讲解能够为一部分国际参观者提供帮助，但是文字说明是更直观、高效的方法。

总体来看，这 18 家国家一级博物馆的语言景观符合北京市人民代表大会常务委员会于 2021 年公布的《北京市国际交往语言环境建设条例》中的相关规定，同时也达到了国家文物局 2019 年公布的《博物馆定级评估标准》中的相关要求。在设置语言景观时更多地考虑国际参观者的需要，符合将北京建设成为博物馆之城的发展规划要求，能够展示中华民族的包容和开放，促进文化理解与交流，提升国家的软实力。

博物馆虚拟空间语言景观调查报告
——以北京地区32家博物馆网站为例

贾冬梅　杨婷婷　仇俊奕

（首都经济贸易大学外国语学院，北京，100070）

摘　要：为了了解北京地区博物馆的虚拟空间语言景观现状，我们对32家各级博物馆的网站展开调查。总体而言，英文网站的语言景观逊于中文网站，后者的语言景观更丰富多样，更便于参观者使用。英文网站的语言景观存在的主要问题是：有的没有英文馆名，多模态资源不足，在英文标题下使用中文内容，译文质量需要提高以及部分页面排版欠佳。各博物馆应加强对英文网站的建设与管理，上级主管部门应加强检查与监督。

关键词：博物馆；英文网站；虚拟空间语言景观

一、引言

语言景观指某一特定的领域或地区公共及商业标牌上语言的可视性和突显性，具有信息功能和象征功能（Landry & Bourhis，1997）。虚拟空间语言景观，又名网络语言景观，指网络空间中的多语现象或网络页面中的多语实践（Ivkovic & Lotherington，2009）。

在互联网时代背景下，虚拟空间语言景观研究日渐被关注。代丽丽、王丽和邹小青（2021）从语言选择、语符转换和多模态角度展开对京津冀地区10所高校官方网站的语言景观分析，发现各校官网的语码数量不等，部分高校的外文网站建设不完善。韩涛（2022）以"日系""和风"为关键词，调查淘宝、美团、微博等网络空间里的语言使用情况，发现存在大量中日语码混用现象，同时网络空间的语码取向、字刻和置放问题也需要关注。陈敏（2022）选取了青海省不同级别的7个政府网站为研究对象，对其语言景观的语言特点、表现方式和多模态形式做了分析，指出青海省各级政府网站需要丰富语码数量、优化网站设计、积极构建网络形象，从而提升服务能力。周晓春（2022）对国内10所民族类高校官网的虚拟空间语言景观做了定量和定性分析，发现它们都以多模态形式呈现，都表现出显著的语言权势差别，使用具有时代特色的意识形态话语。奚雅云和邓春（2023）对2022年长三角地区制造业排行前十位的集团的官网语言景观做了梳理和研究，指出应该增加有长期贸易往来的国家或者地区的语言，保证外文译写的准确，丰富表现形式，展示企业特色和最新成果。张婧（2023）调查了南昌官方网站和商业网站虚拟空间语言景观，发现主要问题是网站语码选择过于单一、商业网站语言标牌置放不合理以及网站标牌图文内容不符。黄利民（2023）对泉州世界遗产景区的语言景观做了实地调查，同时对泉州的两套智慧导游系统语言景观做了分析，发现实体语言景观的语码组合不统一，多语标牌中的外文种类与最新的国际游客客源不符，虚拟空间语言景观的互动功能不足，并且只有世界遗产项目网站使用中英双语，公众号主要采用中文。

近年来，我国高度重视博物馆的数字化建设，促进线上和线下服务相融合。作为博物馆数字化的环节之一，博物馆的网站建设使博物馆的展览和学术活动突破时空限制，文化影响力得到延伸和加强。作为对外宣传的重要窗口，博物馆外文网站担负着对外展示国家历史与文化、增进国际交流等任务。截至2023年底，北京地区共备案各级博物馆226家，部分建有中文及外文网站。我们对其中32家博物馆的虚拟空间语言景观开展了调查，包括18家国家一级博物馆（故宫博物院青少年版网站页面除外）、1家国家二级博物馆、2家国家三级博物馆以及11家其他级别博物馆。由于调查人员为高校商务英语专业师生，所以本调查着眼于各博物馆中文和英文网站的语言景观现状。我们从语码取向、语码使用、英文网页多模态功能设计等方面考察各博物馆虚拟空间语言景观的特征，为改进博物馆的多语言服务提供参考，助力北京建设成为博物馆之城。

二、博物馆虚拟空间语言景观现状

（一）语码选择

语码是指人们用于交际的任何符号系统，一种语言、方言、语体或语域都可以被视为语码。通常，语码选择是有规则的社会行为，是自觉的选择。表1总结了32家博物馆网站目前供使用者选择的语码。表格中的"—"表示未查找到该博物馆的官方网站；方括号表示该博物馆中文网站主页提供了外语选项，但点击该选项后没有相应语言的网页出现。

表1 北京地区 32 家博物馆网站语码选择

博物馆等级	博物馆名称	博物馆网站可选择的语码
国家一级博物馆	故宫博物院	中、英、西班牙、俄、日、法
	中国人民抗日战争纪念馆	中、英、日、韩、乌尔都
	周口店北京人遗址博物馆	中、英、日
	中国国家博物馆	中、英
	北京鲁迅博物馆	中、英
	中国地质博物馆	中、英
	中国农业博物馆	中、英
	中国科学技术馆	中、英
	中国人民革命军事博物馆	中、英
	国家自然博物馆	中、英
	北京天文馆	中、英
	首都博物馆	中、英
	恭王府博物馆	中、英
	北京汽车博物馆	中、英
	清华大学艺术博物馆	中、英
	中国电影博物馆	中、英
	中国航空博物馆	—
	中国印刷博物馆	—
国家二级博物馆	中国铁道博物馆	中、[英]
国家三级博物馆	中国长城博物馆	中、英、日、韩、俄
	北京石刻艺术博物馆	中、英

续表

博物馆等级	博物馆名称	博物馆网站可选择的语码
其他	中国美术馆	中、英
	中央美术学院美术馆	中、英
	中国妇女儿童博物馆	中、英
	中国钱币博物馆	中、英
	保利艺术博物馆	中、英
	中国紫檀博物馆	中、英
	房山世界地质公园博物馆	中、英
	和苑博物馆	中、英
	中国园林博物馆	中、英
	香山革命纪念馆	中、英
	中国传媒大学传媒博物馆	中、[英]

从表1可以看出，这32家博物馆中的26家在其官网提供中、英两种语码供使用者选择，4家在其官网提供两种以上语码的选择。故宫博物院官网提供的语码选择最丰富，有6种。中国人民抗日战争纪念馆和中国长城博物馆提供5种语码选择，周口店北京人遗址博物馆提供3种语码选择。在调查中我们发现，当点击中国铁道博物馆和中国传媒大学传媒博物馆中文官网首页的英文选项时，没有相应英文网站出现。

（二）博物馆英文网站的馆名标识

我们发现，在英文网站，博物馆的名称有时用双语书写，有时用单语（见表2）。

表2 北京地区32家博物馆英文网站博物馆名称语码

博物馆等级	博物馆名称	英文网站博物馆名称语码
国家一级博物馆	故宫博物院	中文在上，英文在下
	中国国家博物馆	中文在上，英文在下
	北京鲁迅博物馆	中文在上，英文在下

续表

博物馆等级	博物馆名称	英文网站博物馆名称语码
国家一级博物馆	中国地质博物馆	中文在上，英文在下
	中国农业博物馆	中文在上，英文在下
	中国人民抗日战争纪念馆	中文在上，英文在下
	中国科学技术馆	中文在上，英文在下
	北京天文馆	中文在上，英文在下
	周口店北京人遗址博物馆	中文在上，英文在下
	恭王府博物馆	中文在上，英文在下
	北京汽车博物馆	中文在上，英文在下
	清华大学艺术博物馆	中文在上，英文在下
	中国人民革命军事博物馆	中文在左，英文在右（字号更大）
	国家自然博物馆	英文
	首都博物馆	英文
	中国电影博物馆	英文
	中国航空博物馆	—
	中国印刷博物馆	
国家二级博物馆	中国铁道博物馆	—
国家三级博物馆	北京石刻艺术博物馆	中文在上，英文在下
	中国长城博物馆	英文
其他	中国美术馆	中文在上，英文在下（缩写）
	中国妇女儿童博物馆	中文在上，英文在下
	中国钱币博物馆	中文在上，英文在下
	保利艺术博物馆	中文在上，英文在下
	和苑博物馆	中文在上，英文在下
	中国园林博物馆	中文在上，英文在下
	香山革命纪念馆	中文在上，英文在下
	中国紫檀博物馆	中文
	中央美术学院美术馆	英文在上，中文在下
	房山世界地质公园博物馆	英文
	中国传媒大学传媒博物馆	—

如表2所示，20家博物馆的英文网站采用中文在上、英文在下的馆名书写方式。国家自然博物馆、首都博物馆、中国电影博物馆、中国长城博物馆、房山世界地质公园博物馆的英文网站博物馆名称只使用英文（见图1）。在中国人民革命军事博物馆的英文网站，英文馆名相较于中文馆名字号更大，位置更醒目（见图2）。中央美术学院美术馆英文网站的英文馆名位于中文馆名之上，且字号更大（见图2）。中国紫檀博物馆英文网站使用中文馆名（见图3）。

图1　博物馆英文网站单语馆名标识

图2　博物馆英文网站双语馆名标识

图3　中国紫檀博物馆英文网站馆名标识

（三）博物馆中、英文网站的多模态功能

在博物馆网站的设计中，多模态表达方式应用普遍。通过整合视频、音频、虚拟现实等先进技术，多模态展示能够为线上游客提供沉浸式参观体验，提高博物馆、展览与展品的知名度和文化影响力，增加线下游客的数量，推动中国传统文化的传播和普及。通过对比各博物馆的中、英文网站，我们发现以下现象：

第一，中文网站提供视频解说，而英文网站以文字和图片为主。

这一现象出现在中国国家博物馆、中国科学技术馆、国家自然博物馆、北京天文馆等网站中。例如，中国国家博物馆的中文网站为线上游客安排了系列纪录片《如果国宝会说话》，但我们在其英文网站未发现这部纪录片的链接，所见多是文字描述（见图4）。在中国科学技术馆中文网站，影院介绍模块提供了影片简介，并能在线观看片花，但在其英文网站只有影院基本陈列的文字介绍（见图5）。国家自然博物馆中文网站的"藏品介绍"模块提供丰富多彩的多模态语言景观，包括藏品的高清图片、详尽的视频介绍等，而英文网站的相应页面仅有简短的文字描述（见图6）。北京天文馆中文网站的"科普剧场"模块整合了丰富的天文知识影视资源，而英文网站相应模块的内容局限于对剧场设施的文字和图片介绍（见图7）。

图4 中国国家博物馆中、英文网站部分网页

图5 中国科学技术馆中、英文网站影院相关网页

图 6　国家自然博物馆中、英文网站藏品介绍模块部分页面

图 7　北京天文馆中、英文网站科普剧场模块部分页面

第二，中文网站提供虚拟实景参观，而多数英文网站没有相应模块。

故宫博物院的中、英文网站均设置了虚拟实景参观模块，英文版的虚拟实景参观设计尤为精细，每座宫殿均配有英文译名，能够显著提升外国游客在线参观的便利性和沉浸感（见图8）。中国人民革命军事博物馆中文网站"长期展览"模块融入数字展厅，访问者可以进行虚拟参观，而英文网站没有将其纳入数字展厅，仅提供图片和文字介绍（见图9）。中国农业博物馆中文网站"在线参观"模块提供虚拟实景访问，参观者可在线上观看该馆举办的历次展览，但其英文网站的相应模块只提供图片和简单的文字介绍（见图10）。

图 8　故宫博物院中、英文网站虚拟实景部分页面

图9　中国人民革命军事博物馆中、英文网站长期展览模块部分页面

图10　中国农业博物馆中、英文网站在线参观模块部分页面

（四）博物馆英文网站的文本

我们发现部分博物馆英文网站的文本存在以下三个问题：

第一，英文网站使用中文文本。

在故宫博物院英文网站的"collection"部分，对藏品的说明更多地使用中文，例如"石十二辰兔俑"的名称和简介未翻译成英文，英文部分仅为兔俑所属的类别和朝代，如图11所示。中国农业博物馆英文网站的展会介绍部分也关联着中文内容，如图12所示。在周口店北京人遗址博物馆英文网站"Scientific research"模块中有中文表达，"The exhibition review"模块的展览名称和简介也没有英文翻译，如图13所示。香山革命纪念馆英文网站"Virtual"模块链接至中文网站的虚拟展馆页面，解说词为中文，无英文字幕，如图14所示。此外，香山革命纪念馆英文网站"Tickets"模块链接至中文网站的购票页面。保利艺术博物馆也存在相同问题。例如，其英文网站"Academic"模块链接至中文网站的"学术"模块，如图15所示。

图11　故宫博物院英文网站部分页面

图12　中国农业博物馆英文网站部分页面

图13　周口店北京人遗址博物馆英文网站部分页面

图14　香山革命纪念馆英文网站部分页面

博物馆虚拟空间语言景观调查报告——以北京地区 32 家博物馆网站为例 | 117

图 15　保利艺术博物馆英文网站部分页面

第二，英文网站页面排版观赏性欠佳。

部分博物馆英文网站的页面存在明显的排版问题。例如，保利艺术博物馆英文网站存在单词不合理换行以及重叠等现象（见图 16）。房山世界地质公园博物馆英文网站部分页面有版面混乱的现象（见图 17）。北京汽车博物馆英文网站部分页面出现特殊字符（见图 18）。中国钱币博物馆英文网站部分页面有排版问题和特殊字符问题（见图 19）。中国园林博物馆英文网站名称下面的英文模糊（见图 20）。

图 16　保利艺术博物馆英文网站部分页面排版问题

图 17　房山世界地质公园博物馆英文网站部分页面排版问题

图18　北京汽车博物馆英文网站部分页面排版问题

图19　中国钱币博物馆英文网站部分页面排版问题

图20　中国园林博物馆英文网站部分页面排版问题

第三，译文质量需要改进。

在调查中我们注意到，有些博物馆的英文网站译文质量需要提高。

中国电影博物馆英文网站对开放时间的翻译有用词错误，在图 21 中应为"Opening hours"或者"Opening time"，而不是"Opening times"。此图中还有一个语法错误。在"The entrance closes half hour earlier at 16:00."一句中，应在half和hour之间添加不定冠词an。

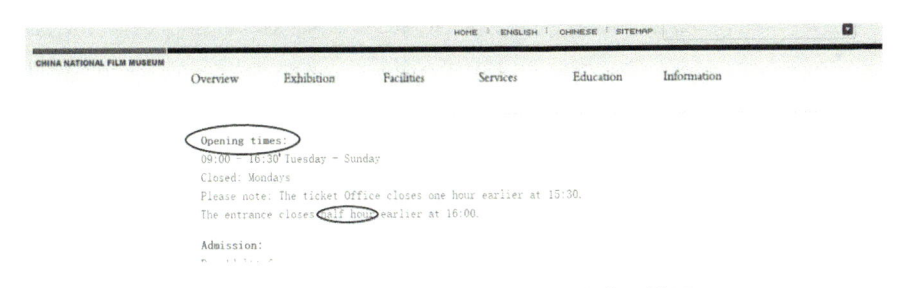

图 21　中国电影博物馆英文网站部分英译错误

中国钱币博物馆英文网站部分页面有语法错误。例如在图 22 中，"collect, display and research of/into"应为"collection, display and research of"或者"collecting, displaying and researching of"；"the museum are ..."应为"the museum is ..."。

图 22　中国钱币博物馆英文网站部分英译错误

保利艺术博物馆英文网站的部分页面存在句首字母未大写、译文用词不准确、"'s"在句首以及语法错误等问题。图 23 和图 24 取自保利艺术博物馆中文网站的"简介"模块和与之相应的英文网站"Introduction"模块。

保利艺术博物馆
简介
Poly Art Museum Profile

保利艺术博物馆于1998年12月经北京市文物局正式批准成立，1999年12月对外开放，是中国首家由国有重点骨干企业出资兴建的文化艺术类博物馆。以弘扬中华民族优秀传统文化艺术、抢救保护流失海外的中国珍贵文物、推进企业文化建设为宗旨，秉持"精、珍、稀"原则，20多年来，自海外抢救大量珍贵流失文物，最终形成了三个重要的展览序列——"中国古代青铜艺术精品陈列""中国古代石刻佛教艺术精品陈列""圆明园兽首铜像专题陈列"，并于2021年由国务院国资委评为"首批中央企业爱国主义教育基地"。

01 中国古代青铜艺术精品陈列
1999年12月正式对外开放。陈列艺术品主要为商代早期至唐代（约公元前16世纪至公元9世纪）的青铜珍品150余件（组）。其中神面卣、王作左守鼎、凤鸟大尊、遂公盨、戎生编钟等，皆为世所罕见的稀品与孤品。

Poly Museum of Art
Introduction
Poly Art Museum Profile

Poly Art Museum was formally approved by the Beijing Municipal Bureau of Cultural Relics in December 1998 and opened to the outside world in December 1999. It is China's first cultural and artistic museum funded by a key state-owned enterprise. With the purpose of carrying forward the excellent traditional culture and art of the Chinese nation, rescuing and protecting China's precious cultural relics lost overseas, and promoting the construction of corporate culture, adhering to the principle of (fine, rare and rare) over the past 20 years, a large number of precious lost cultural relics have been rescued from overseas, In the end, three important exhibition sequences were formed-"Exhibition of Ancient Chinese Bronze Art", "Exhibition of Ancient Chinese Stone Carving Buddhist Art", "Special Exhibition of Bronze Statues of Beasts in Yuanmingyuan", and was rated as "The first batch of Central Enterprise Patriotism Education Base" by the State-owned Assets Supervision and Administration Commission of the State Council in 2021 ".
01 Exhibition of Chinese Ancient Bronze Art
officially opened to the outside world in December 1999. The works of art on display are mainly more than 150 pieces (groups) of bronze treasures from the early Shang Dynasty to the Tang Dynasty (about the 16th century BC to the 9th century AD). Among them, Shen Mianyou, Wang Zuo Zuo Shouding, Phoenix Bird Dazun, Sui Gong Yi, Rong Sheng Chimes, etc., are rare and orphaned products in the world.

图 23　保利艺术博物馆英文网站译文质量问题之一

在图 23 中，中文简介中的"精、珍、稀"被译为"fine, rare and rare"。我们认为，尽管"rare"一词有"稀有、珍贵"之意，但是将其重复使用难以帮助英文简介的读者清晰地理解"珍"和"稀"的区别。我们建议将译文改为"fine, precious and rare"。在图 23 中还有句子首字母未大写的错误，如"officially opened to the outside world in December 1999"。我们认为此句缺少主语，译文应为"Exhibition of Ancient Chinese Bronze Art officially opened to the outside world in December 1999"。

在图 24 中有三处错误。其一，以"'s collection"为句首不妥，并且此处有漏译。从中文文本可知此句的主语应该是"遂公盨"，参考国家博物馆英文网站对馆藏精品的英译，我们认为可以将其改为"Sui Gong Bronze Xu（food container）, the museum's key collection, was invited to ..."。其二，"has joined hands with Poly Art Research Institute to jointly launch many boutique exhibitions including the 'Ten Sides of Lingbi, and 'Hongli World ' series of special exhibitions"一句缺少主语,同时没有体现出中文文本中的时间状语"自 2020 年以来"。因此,译文应为"Since 2020, Poly Art Museum has joined hands with ..."。其三,在"June 2022, ..."一句中,需要在句首添加介词"in"构成时间状语,即"In June 2022, ..."。

图 24　保利艺术博物馆英文网站译文质量问题之二

房山世界地质公园博物馆英文网站的文本错误较多,我们选取了"中国房山世界地质公园博物馆简介"里的一段加以说明(见图 25)。图中的中文部分取自公园中文网站博物馆模块,英文部分取自与其相应的英文网站。这段英译的主要问题有部分单词没有分隔开书写、多位数数字的书写方式与英文的惯用方式不符、标点符号用法不规范、年月日表述错误、用词不妥、断句不合理、语法错误以及信息缺失等。中文段落有两句话,我们分别给出供博物馆参考的英译。

图 25　房山世界地质公园博物馆英文网站部分英译错误

中文网站原文第一句：中国房山联合国教科文组织世界地质公园博物馆位于房山区长沟镇，占地面积6.11公顷，建筑面积10 000平方米，博物馆于2009年3月29日奠基，2010年5月15日开馆。

英文网站译文第一句：China Fangshan UNESCO World Geopark Museum is located in Changgou Town, Fangshan District, occupying the groundproduct6.11hectares, building surfaceproduct10000square meters, museumin2009year3month29Day Foundation Laying, 2010year5month15day.

供博物馆参考的译文：China Fangshan UNESCO World Geopark Museum is located in Changgou Town, Fangshan District, covering an area of 6.11 hectares and a construction area of 10,000 square meters. The museum laid the foundation stone on March 29, 2009 and opened on May 15, 2010.

中文网站原文第二句：博物馆建筑设计立意"石破天惊"，整体建筑顺应自然地势、演绎造山运动、隐喻人类起源，应用地域材料，充分体现了"尊重自然机理、活用原生地形、造型自然舒展、内外空间一致"的特点，具有科普性、知识性和趣味性。

英文网站译文第二句：Museum Architectural Designmeaning" Stone skyshattersurprised", the whole architecture conforms to the natural terrain, deduces the orogenic movement, metaphors the origin of human beings, and fully embodies the application of regional materials.." Respect the natural mechanism, make full use of the original terrain, shape natural stretch, inside and outside space", with popular science, knowledge and interest.

供博物馆参考的译文：The architectural design of the museum means "earth-shattering". The overall building conforms to the natural topography, represents the orogeny, metaphorizes the origin of human beings, and applies regional materials, which fully embodies the characteristics of "respecting the natural mechanism, using the original terrain, stretching naturally the shape, and keeping the internal and external spaces consistent". The construction is scientific, knowledgeable and interesting.

三、改进建议

针对在调查过程中发现的问题，我们提出下述建议，期待各博物馆能够改善英文网站建设，提高虚拟空间语言景观质量。

第一，提升国际化意识。北京是享誉国际的历史文化名城，并正在进行"两区"建设。各博物馆应该在吸引国内参观者、传播中华优秀传统文化的同时扩大国际影响，通过建设多语种网站来满足不同国家和地区参观者的需求。

第二，重视博物馆名称英译在英文网站的呈现，帮助外国游客识别、记忆博物馆。

第三，丰富博物馆英文网站的多模态资源。博物馆可以在英文网站设置视频解说和虚拟实景参观等模块，可以使用英文解说，也可以使用英文字幕。网站承担着为游客提供博物馆第一印象的功能。外文网站的用户应该与中文网站用户有一样的线上参观体验，这有助于吸引国际参观者到现场游览。

第四，提升博物馆英文网站的总体水平。首先，应明确翻译人员、审校人员和监管人员的角色与责任；其次，制定并严格执行翻译质量控制标准；再次，实行双重审校制度，即由两位翻译人员分别进行独立翻译和第一轮审校，再由第三位翻译人员进行第二轮审校，以确保翻译质量；又次，应该有专人负责排版；最后，建立质量反馈机制，接收反馈意见和建议，及时更正错误，不断提高外文网页质量。

第五，博物馆负责人要重视英文网站的建设，上级主管部门要对下级单位英文网站进行定期的监督检查。

语言服务视角下城市医疗语言环境建设研究
——北京市涉外医疗语言服务现状调查

栾 婷

（首都经济贸易大学外国语学院，北京，100070）

摘 要：本研究通过问卷调查和实地走访，对北京市涉外医疗语言服务的需求与现状开展研究，从语言服务视角分析北京市医疗语言环境建设的特点与不足，促进北京市国际交往中心的建设。研究发现：涉外医疗语言信息提供与获取渠道不丰富，信息量不足；医院的多语语言景观不完善，但外语标识用语基本准确；医护人员的多语能力参差不齐。未来应加强社区的语言服务功能，提升医院的信息提供与咨询能力，并重视利用语言技术提高语言服务水平，打造多语环境。

关键词：语言服务；城市语言规划；语言环境建设；医疗语言服务；北京

一、引言

语言服务的概念自 2005 年进入语言研究领域以来，已成为中国语言生活派经常使用、极为关注的一个概念（屈哨兵，2012）。语言服务狭义上指通过直接提供语言信息转换服务和产品，或提供语言信息转换所需的技术、工具、知识、技能，帮助人们解决不同语言信息交流中出现的语言障碍的服务活动（袁军，2014）；广义上指利用语言（包括文字）、语言知识、语言技术及语言的所有衍生品来满足语言生活的各种需求（李宇明，2016）。

语言服务涉及社会语言生活的诸多方面，其中语言服务与城市语言环境建设研究是新时代背景下语言服务研究的重要议题（李现乐，2018）。良好的城市语言环境有利于提高城市的文化多样性，带动城市或地区社会的对外开放，促进城市发展外向型经济（陈颖，2014）。医疗活动中的外语服务是城市外语服务的有机组成部分，影响并构建着城市语言环境及城市外语能力（李宇明，2022；沈骑，2022），也是城市文化"软实力"的重要指标之一（沈骑，2022）。北京作为首都，有大量外籍人士居住和工作，对北京医疗语言环境的研究和建设有利于了解外籍人士对北京乃至中国的体验感。本研究聚焦北京市医疗行业涉外语言服务，通过问卷调查与实地走访，了解当前医疗行业语言服务现状，从语言服务视角分析北京市城市语言环境建设的特点与不足，并提出改进建议，促进北京市国际交往中心的建设。

二、文献回顾

（一）语言服务

进入21世纪以来，语言服务研究逐渐成为国内新兴的学术领域之一，研究内容不断丰富，研究成果不断增多。

在理论研究方面，屈哨兵（2007）最早深入论述语言服务理论，提出语言服务具有服务性、规约性和主导性等基本属性，根据服务项目可以分为要素类型、领域类型、成品类型和职业类型。后来，屈哨兵（2012）又通过探讨语言服务的资源系统、业态系统、领域系统、层次系统、效能系统等五个概念系统，来界定语言服务研究与语言服务实践的范围。语言服务是一个体系，涉及语言服务提供者、语言服务内容、语言服务方式和语言服务接受者四个基本环节（李宇明，2016）。李现乐（2018）探讨了语言服务研究的学科属类、新时代背景下研究的重要议题及研究维度。他指出，语言服务研究属于应用语言学和社会语言学的范畴，研究具有重要的理论意义。在我国新时代发展背景下，语言服务研究议题广泛，也具有重要的实践意义。

语言技术、语言服务行业产业是语言服务直接涉及的内容，也是语言服务研究一直以来关注的内容。语言技术辅助语言交际过程、影响语言生态环境（李宇明，2020）。语言技术的发展使得传统的翻译服务转变、扩展为全方位的语言服务行业（崔启亮、张航，2015），继而催生了语言服务行业产业。何恩培、闫栗丽（2019）把语言服务行业发展的40年分为萌芽阶段、起步阶段、稳定阶段、繁荣阶段四个阶段，并总结了语言服务行业特征，展望了未来行业的发展方向。

语言服务越发重要的地位也引发了学界对语言服务学科建设和人才培养

的讨论。王立非（2021）依据行业和学科的发展现状，呼吁加快建立语言服务学科，为建设语言服务强国培养更多合格的语言服务人才。崔启亮、郑丽萌（2021）通过调查京津冀语言服务企业和高校，探究了语言服务行业协同发展和高校学科建设存在的问题。另外，全球新冠病毒肺炎疫情在一定程度上也促进了应急语言服务研究。

（二）城市语言环境建设

城市语言环境建设既与语言规划、语言服务研究密切相关，也与城市发展、城市语言能力建设息息相关。城市语言服务是城市规划、城市管理的重要内容，应当帮助解决语言沟通障碍、满足语言学习需要、提供语言政策的咨询与建议（李宇明，2021）。王海兰（2018）立足城市化进程中城市公共语言文字工作面临的新形势和语言生活新需求，提出城市公共语言服务应包括语言规划服务、语言咨询服务、语言教育和培训服务等十大内容，并构建了城市公共语言服务评估体系框架。郭书谏、沈骑（2021）探讨了智慧城市建设中的语言服务，提出应重视语言服务"技术化"，同时坚守价值评判的"人文性"。

在理论建构的同时，有关城市语言服务和城市语言环境建设的实证研究也在增加。医疗卫生行业是城市服务的重要内容，良好的语言服务可以有效提高就医体验、增进医患沟通，从而促进城市语言环境建设。但已有的针对医疗行业语言环境建设的研究较为有限，且通常嵌于对整体医疗服务研究与评估的框架内（崔红，2013；顾静文、卢燕雯，2015；李鼎一，2019），而不专门聚焦语言服务，且鲜有实证研究。李现乐、龚余娟（2015）开展了我国医疗行业的语言服务专题调查，但主要涉及医生与患者及其家属之间的沟通，并未提及涉外医疗。另外，已有研究涉及了上海、重庆、宁波、深圳等城市的医疗行业，却缺少对首都北京的医疗行业语言服务调查研究。因此，笔者通过问卷调查、实地走访等方式，了解外籍在京人士的医疗语言服务需求，希望可以管窥北京市涉外医疗语言服务现状，为增强语言服务能力、建设更高水平的国际语言环境提供借鉴。

三、研究设计

（一）问卷

本研究中的问卷依据王海兰（2018）构建的城市公共语言服务评估框架

及城市公共语言服务评估指标体系来设计。根据该框架，城市公共语言服务包括语言文字工作部门的语言服务和公立医院、教育机构等其他公共服务部门的语言服务两个维度。在考察公共服务部门维度时，需包括语言环境、网站建设、工作人员的语言服务、文字说明材料等内容。本研究问卷在此基础上充分挖掘涉外医疗语言服务中的相关因素，涵盖了语言景观、就医环境、医护人员语言水平、医疗设备、信息提供等多方面语言服务内容。

问卷由导语、基本信息、医疗健康信息、就医与结语五部分组成。结语部分邀请调查对象自愿填写相关意见或建议，其余部分均使用封闭式问题，共计40题，其中基本信息部分6题，医疗健康信息部分13题，就医部分21题。考虑到问卷调查对象为在京外籍人士，问卷内容使用英语撰写。在正式发放前，调查者邀请了外国专家对语言进行修改和润色。

（二）数据收集和分析程序

问卷使用问卷星程序制作与发放。在正式发布前，问卷在外教和外籍朋友间进行了测试，后根据反馈调整了一些题目的顺序和措辞。2023年1—3月，问卷通过微信、微博等平台正式发放；同时，调查者前往三里屯、五道口等外籍人士比较集中的地方，通过随机抽样调查对象填写电子问卷。最终本次问卷调查共回收有效问卷103份。

（三）调查对象

本研究中调查对象共103人，其中男性66人（占64.08%），女性37人（占35.92%），年龄大部分为19~30岁的年轻人（54.37%），其次是31~40岁（22.33%）和41~50岁（11.65%）的中年人，另有3名18岁以下未成年人及9名51岁及以上的中老年人。

从国籍来看，参与本次调查的外籍人士来自亚洲、非洲、北美洲、南美洲、欧洲和大洋洲的47个国家，其中来自亚洲的最多（28.15%），其次是非洲（22.33%）和北美洲（19.41%）。调查对象大部分为留学生（54.37%）、外籍教师（17.48%）和商人（9.71%），另有18.44%的调查对象从事翻译、记者等其他工作。

本次问卷还询问了调查对象的汉语水平和在中国居住的时长。整体而言，调查对象的汉语水平参差不齐[①]。大部分调查对象（69.9%）在中国长期居住，其中居住2~5年的调查对象占36.89%。居住6个月~2年的调查对象占8.74%。

（四）实地走访

为更好地了解公立医院的语言景观和医护、工作人员的语言使用情况，调查者实地走访了北京两所医院，并随机采访了医院内1~2名工作人员。其中一所医院（下称"A医院"）是我国最富国际色彩的公立三甲医院之一，其国际部更是我国规模最大的涉外医疗部门之一；另一所医院（下称"B医院"）也是一所三甲医院，邻近外籍人士居住较密集的五道口地区，是附近外籍人士经常选择的就医场所。

四、研究结果及分析

整体而言，公共健康和医疗服务对于外籍来华人士非常重要（74.76%），他们最常选择的就医场所是公立医院（43.69%），其次是诸如校医院这样的单位内部医院（27.18%），大部分人（53.84%）并不寻求去往专门提供涉外服务的医疗机构。就医时，一半以上（50.49%）的调查对象选择独自前往医院，另有三分之一左右（33.98%）选择寻找中国人陪同就医。

（一）信息获取

信息的快捷通畅是现代城市运行发展的重要保障（李宇明，2021）。本次调查将外籍在华人员医疗信息的获取情况纳入考量之中，发现现状不容乐观。

1. 信息获取渠道有限

调查显示，仅有47.69%的调查对象认为自己获得医疗健康信息的渠道比较丰富，超过一半（52.31%）的调查对象认为自己没有足够多的信息渠道。他们更倾向于选择本国驻华大使馆（66.99%）为他们提供医疗语言信息方面的服务，高于自己居住的社区（46.60%）和自己所在单位（59.22%）（见图1）。事实上，这一结果令人遗憾。社区和工作单位通常是外籍人士日常最常接触的机构，本应该成为各种信息的最主要提供者，为外籍在华人士提供最大限度的便利，而现在反而在信息提供方面落后于官方的使馆等机构。

[①] 调查对象的汉语水平在本次调查中仅作为参考变量，因此我们没有设置更为客观的考量题目。

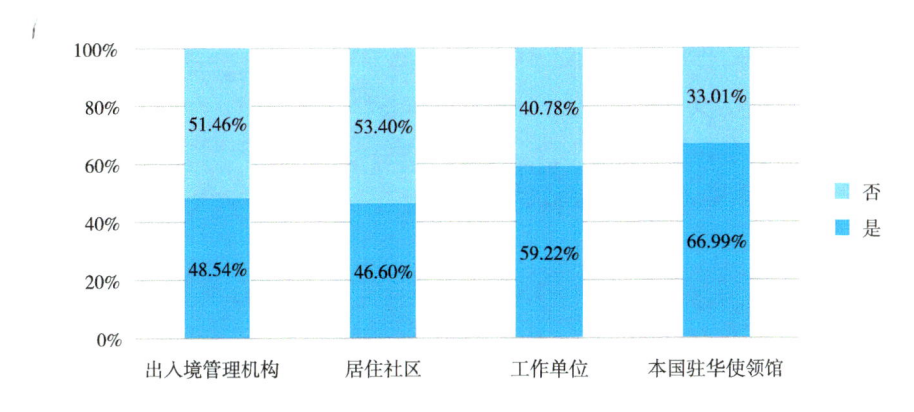

语言服务视角下城市医疗语言环境建设研究——北京市涉外医疗语言服务现状调查

	出入境管理机构	居住社区	工作单位	本国驻华使领馆
否	51.46%	53.40%	40.78%	33.01%
是	48.54%	46.60%	59.22%	66.99%

图 1　医疗信息获取渠道

在各种信息渠道中，"中国同事或朋友介绍"和"外国同事或朋友介绍"成为最主要的医疗信息获取渠道（49.51%），其次为北京市政府等官方机构的网站和公众号（37.86%），选择"各大医院网站和微信公众号"的调查对象仅占28.16%。这充分反映出医院自身提供和传播信息的能力较弱。医院本身最了解自己的历史、优势和服务能力，又是最直接接触病患，本应更好地解答相关问题、提供相关信息，但结果远落后于其他机构和渠道。值得一提的是，有三名调查对象在问卷列举的信息渠道之外提到了"抖音"，这说明了新的社交媒体日益成为重要的信息提供平台。

2. 信息获取不足

调查发现，高达62.14%的调查对象不知道专门涉外的、提供语言服务的医疗机构，近八成（78.73%）的调查对象不知道存在面向外国人的就医应急专线、多语种信息平台或特别服务专员。而实际上，北京就医资源丰富，既包括北京国际救援中心（SOS）等全球性大型外资医疗健康机构，也包括北京友谊医院、北京国际医疗中心等专门服务外籍人士的公立或私立涉外医疗机构。在多语种服务平台方面，北京的经验也非常丰富，比如新冠疫情期间紧急研发"疫情防控外语通"（刘晓海、田列朋，2020），北京冬奥会和冬残奥会期间多语言服务中心与北京急救中心设置"三方通话"机制等。但是，大部分调查对象并不了解这些信息。

而当问及是否能够通过线上渠道（网站、手机应用程序等）顺利找到医院的相关信息时，有62.14%的调查对象认为比较容易找到，近四成（37.86%）的调查对象认为勉强可以或完全无法找到。当问及是否清楚医院有多语种网站或多语种微博、微信等社交媒体账号时，高达75.39%的调查对象表示不清楚或确定没有。这充分反映了线上平台信息对外籍人士而言并不明晰，信息传播渠道并不畅通。调查者随机选取了北京20所三甲医院的官方网站，发现虽然有13所建有英文界面，但通常只涉及有关医院历史等部分网页的英文翻译，提供的信息量远低于中文界面。

（二）就医

根据王海兰（2018）的城市公共语言服务评估框架，医院等公共服务部门的语言服务主要包括语言环境、工作人员的语言服务、文字说明材料和网站建设四个方面。在就医过程中，患者主要涉及前三个方面。

1. 语言环境

语言环境，即语言景观，是城市景观的重要组成部分（洪洁，2023）。对语言景观的研究主要关注多语社会公共空间中各类标牌上的语言选择和使用（张天伟、尚国文，2020）。研究者在调查中询问了对医院语言环境的认知与感受，使用分级题形式邀请调查对象就相关表述做出选择。结果如图2所示。

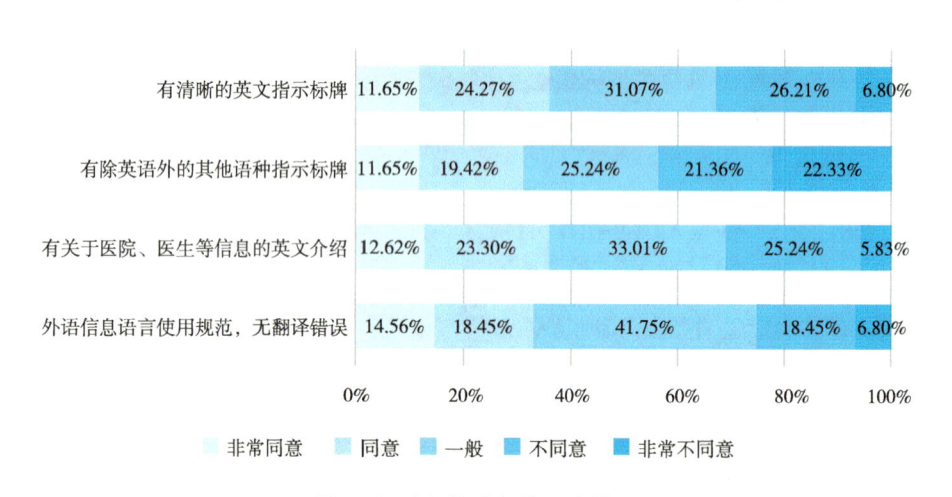

表述	非常同意	同意	一般	不同意	非常不同意
有清晰的英文指示标牌	11.65%	24.27%	31.07%	26.21%	6.80%
有除英语外的其他语种指示标牌	11.65%	19.42%	25.24%	21.36%	22.33%
有关于医院、医生等信息的英文介绍	12.62%	23.30%	33.01%	25.24%	5.83%
外语信息语言使用规范，无翻译错误	14.56%	18.45%	41.75%	18.45%	6.80%

图2 医疗机构内部的语言景观

首先，整体而言，四个问题中选择"一般"选项的人数最多，这说明调查对象对该问题并不是很清楚、很确定，意味着目前的状况还不能满足他们的需求。其次，在"医院内有清晰的英文指示标牌""医院内有除英语外的其他语种指示标牌""医院内有关于医院、医生、科室等信息的英文介绍"三个问题中，除"一般"外，选择"不同意"的人数均多于"同意"的人数。可见英文在医院的语言景观中并不充足，不论是指示标牌还是信息介绍，都存在英语缺失的情况，无法为外籍病患提供良好的语言环境。另外，在有关是否有其他语种指示标牌的问题中，有高达22.33%的调查对象选择了"非常不同意"，可见除英语外的其他语言标识在医院中更是非常少见。

实地走访的发现验证了该结果。两所医院的语言景观中均未出现除英语外的其他外语。A医院和B医院在医院名称、建筑楼名称和楼层索引等概括性指示标识中基本设置为中、英双语，两所医院急诊楼中的中、英双语标识更完整，其余地方都有不足，如B医院门诊楼内的地标与楼层信息均为中、英双语，科室门口有中、英双语指示牌，但在挂号窗口、检验室门口等确切位置却只有汉语标识，这会导致外籍病人在办理相关手续、接受具体治疗时获取信息较为困难。A医院的门诊楼内很多指示牌没有英文标识。调查者甚至发现，对于内容相似的指示牌，靠近国际部的标牌使用中、英双语，较远的则全使用汉语；地标指示牌如果指向国际部的地点，则使用中、英双语，否则只有汉语。另外，B医院配有电子屏幕，滚动播放医院及科室的相关介绍，但均只使用汉语。A医院科室墙上的文字介绍也都只有汉语，没有其他外语。

值得一提的是，"医院内的路标、指示牌、科室介绍等外语信息语言使用规范，无翻译错误"一题是唯一选择"同意"级别的人数多于选择"不同意"级别的题目，说明整体上医院标识牌中的英语使用规范，易于理解。这也与实地走访的结果一致，调查者仔细阅读了两家医院的双语标识牌，并没有发现语言错误。

此外，由于目前医院普遍使用自助服务机器辅助挂号、取号、缴费等各种手续，此次调查还考察了机器的多语状况。根据调查结果，除去选择"一般"的选项，在问及是否同意"自助服务机有英文界面"和"自助服务机的英语规范，易于理解"时，明确选择"不同意"或"非常不同意"的人数均多于选择"同意"或"非常同意"的人数。因此，整体而言，医院内自助服务机的多语状况也不容乐观。实地走访也发现了类似情况。两家医院虽然都设有自助服务机，但都不提供英语界面。

2. 工作人员的语言服务

医院工作人员的语言服务情况与工作人员的多语能力、跨文化沟通能力和服务态度密切相关，对就医体验和就医效果起着重要的作用。调查对象对就医过程中的语言困难进行了排序，结果"与医生的语言沟通不顺利"和"与其他工作人员的语言沟通不顺利"是排名最靠前的两个困难，充分说明了工作人员语言服务的重要性。调查考察了工作人员和医生的多语能力，结果显示调查对象并不认可他们的多语能力，其中又以工作人员尤其是咨询台人员的多语能力最受诟病：除24.27%的调查对象表示不清楚，另有高达38.84%的调查对象明确表示咨询人员无法使用英语。在问及医生时，有29.12%的调查对象表示医生的外语水平不高，但有近一半（41.75%）的调查对象选择了"一般"，间接表示了对该情况的认可。在跨文化沟通方面，更多调查对象（32.04%）明确表示出现过沟通障碍，另有高达37.86%的调查对象选择了较为保守的"一般"选项（见图3）。

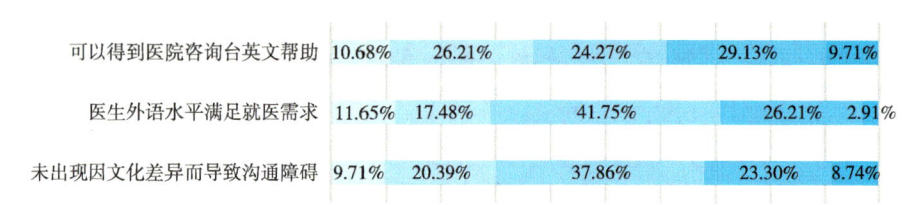

	非常同意	同意	一般	不同意	非常不同意
可以得到医院咨询台英文帮助	10.68%	26.21%	24.27%	29.13%	9.71%
医生外语水平满足就医需求	11.65%	17.48%	41.75%	26.21%	2.91%
未出现因文化差异而导致沟通障碍	9.71%	20.39%	37.86%	23.30%	8.74%

图3 医疗机构工作人员的语言服务状况

整体而言，调查对象认为医生和医院其他人员的多语能力较弱，与他们的沟通并不顺畅。关于医护人员是否会使用即时翻译软件来辅助沟通，调查对象并没有明显的倾向。但是，在评价医护人员服务的态度是否积极，语言使用是否文明时，近一半的调查对象给出了正面评价（42.72%），显著高于负面评价（17.74%）。这表明，在多语能力受限时，医护人员用良好的态度表示出了对外籍病患的理解与支持，但是医护人员还需加强多语能力及翻译工具的使用，克服沟通困难。

在实地走访中，调查者随机采访了医院的工作人员，了解医院对工作人员多语能力的要求。调查显示，B医院的新员工培训中设有关于英语的培训，医院每年还会组织1~2次英语培训，但内容为日常对话用语和简单医疗用语；而A医院并没有相关培训。两家医院对医生的外语能力要求普遍高于对护士及其他工作人员的要求，医生的外语水平也普遍高于其他工作人员。两家医院都没有专门的翻译部门和翻译人员，整体上工作人员"都知道可以使用即时翻译软件，如仍有交流困难，会寻求其他同事的帮助"。因此，工作人员对与外籍医患的沟通表示"还算顺利"。

3. 文字说明材料

医院提供的文字说明材料主要涉及检查报告和医生开具的处方。问卷调查显示，仅有37.86%的调查对象表示有英文版检查报告，不足三分之一（32.04%）调查对象表示医院提供英文版处方（见图4）。在实地走访中，B医院不提供英文版检查报告，A医院仅有国际部可以选择英文版检查报告和英文版处方，但是，在患者有需要时，医生通常会使用英语向患者解释所开具的处方。

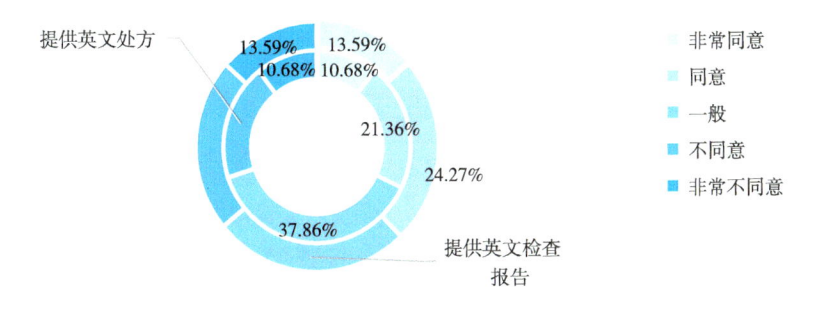

图4 医疗机构文字材料的语言景观

五、结论及建议

（一）主要结论

本研究通过问卷调查与实地走访，勾勒出了在京外籍人士在医疗健康服务方面的语言需求及北京公立医院在提供医疗服务过程中的语言服务现状。

研究发现，在信息提供与获取方面，无论线上还是线下，信息渠道均不丰富，信息量不足。在线上，医疗机构的官方网站缺少外语页面，机构的微信公众号、微博等社交媒体账号缺乏外语信息，以致超过三分之一的外籍人士认为自己勉强或无法通过线上渠道快速找到医院的相关信息。在线下，外籍人员的居住社区和工作单位未能充分发挥信息提供作用，更多人通过中国同事或朋友了解医疗健康方面的信息，有一半以上（53.4%）的调查对象认为获取医疗信息的渠道不够丰富。

在就医过程中，医院的多语语言景观不足，仅在医院名称、建筑楼名称和楼层索引等概括性指示标识中设置中英双语，在挂号、检查等窗口前却没有外语指示；有关医院、科室、医生等信息的多模态宣传中没有外语；自助服务机不提供外语界面，没有外语检查报告单和处方。实地走访的A医院出现了国际部与其他部门的语言景观区别，有关国际部的标识会标注出英语，其余相似内容的标识则不设置英语。实地走访的两家医院医护人员多语能力均参差不齐，整体上医生的外语水平高于其他工作人员。存在因文化差异而导致的沟通障碍，但82.53%的调查对象认为医护人员服务态度积极，语言使用文明。

（二）相关建议

2014年2月26日，习近平总书记视察北京时，明确指出首都的城市战略定位是"四个中心"，即全国政治中心、文化中心、国际交往中心和科技创新中心。其中，国际交往语言环境建设是推进北京国际交往中心功能建设的重要内容。为推进北京国际交往中心功能的建设、促进北京市高水平开放和高质量发展、提升城市国际化服务水平，2021年底，北京出台了《北京市国际交往语言环境建设条例》，正式将促进国际交往语言环境建设纳入规划中，其中第十二条专门强调要推进医疗机构外语服务能力建设，完善就医诊疗外语服务机制。通过对在京外籍人士的随机抽样问卷调查及实地走访外籍病患较多的医院，本文仅从以下方面提出建议，以期助力改善首都医疗语言服务状况。

（1）加强社区的语言服务功能。社区是民众日常居住、生活的场所，通常注重便利、快捷的设施和服务设置。如果社区，尤其是外籍人士较为聚集的社区能够向居民提供丰富、完整的医疗信息咨询服务，可大大便利外籍人士的就医过程，也可减轻政府、医院等其他部门的压力。《北京市国际交往语言环境建设条例》第十四条提出，引进境外人才聚集的社区所在地的区人民政府应当按照本市有关建设导则的规定，设立国际化综合便民服务站，提供政策解读、事项办理等外语信息和服务。未来，这些国际化综合便民服务站可以下沉至重点社区，将会更进一步服务社区外籍人士（俞玮奇、马蔡宇，2018）。

（2）提升医院的信息提供与咨询能力。医院自身最了解自己的历史、优势和服务能力，本应提供最为详尽的医疗信息，但调查显示，目前医院的语言服务能力还较弱。首先，应增设、完善医院官方网站的多语种页面，提供医院整体情况、重点科室、就医流程、地址电话等重要信息。其次，要重视微信、微博、抖音等多样、新兴的社交媒体，医院的官方账号要充分利用这些线上平台发布相关信息，有意识地使用多语发布重要信息。最后，需完善医院内的外语标识。除常见的路标指示标外，还要重视窗口、科室门口等需要具体操作的地方使用多语标识。电子显示屏等多模态形式通常具有强大的信息推送功能，可选择将原有信息添加外语字幕，以受益更多群体。

（3）利用语言技术提高语言服务水平。语言技术的发展改变了人类语言使用习惯，使得"人—机—人"交际模式不断增加（李宇明，2020）。要充分利用语言技术来提高交流效率，可在医院工作人员中普及即时翻译软件，必要时将此部分内容加入培训计划，保证工作人员熟练使用软件，辅助完成与外籍人员的沟通。除医生外，还需重视咨询台人员、护士等其他工作人员的外语交流能力，最大限度提高就医方便度和舒适度。语言技术还可以用于医院自助服务机、检查报告打印机、处方开具系统等方面，从而大大便利外籍人士理解、接受相关信息。

虽然本研究发现具有一定的实践价值，但也存在一些不足，如调查对象样本较小、实地走访医院较少等。将来可以扩大调查对象样本量，增加不同层次外籍人员的调查，通过走访多地、多院获取更多的一手资料，以便更全面地了解涉外医疗语言服务状况，为提升我国的涉外医疗语言服务质量提供更加科学的建议，为讲好中国故事提供实证依据，为新时代背景下建构中国国际形象提供可参考的依据。

首都医科大学附属北京儿童医院语言服务现状调查研究

梁雅坤　栾　婷

（首都经济贸易大学经济学院，北京，100070）

摘　要：近年来，我国对医疗的关注度不断提升，医疗板块科研团队聚集调研的主要方向之一。随着人们生活质量与医疗水平的进步，就医需求也在日益扩大。就诊过程中的语言景观与人工语言服务是影响患者就诊满意度的两大因素。因此，本研究以北京市首都医科大学附属北京儿童医院（西城院区）为实际研究对象，通过对该医院的语言景观实地考察与人工语言服务访谈，探究了语言标识牌的性能分类、语码选择，语言服务中的障碍与其他用语需求，并针对考察中的问题提出了对儿童医院医疗语言未来发展的个人建议。

关键词：语言景观；语言服务；医院；北京

一、引言

语言景观作为一种新兴研究视角，在 2000 年才引起我国的关注。现阶段我国对语言景观的实证研究可分为城市语言景观研究、乡村语言景观研究、多语语言景观研究、语言景观翻译研究和非典型语言景观研究。基于 CiteSpace 软件的可视化图谱分析，学者发现我国当前有关语言景观的研究主要分布在中外语言文学和旅游领域，而其他领域的文章研究则相对较少。

在 2024 年初召开的全国两会中，有关医疗政策的讨论和决策涵盖了多个关键方面，包括医保与公立医院改革、前沿医疗技术研发等。这些医疗政策的背后是我国政府对提升医疗服务质量、保障民众健康权益的高度重视。我国有望构建一个更加完善、高效、公平的医疗服务体系，为人民群众提供更好的医疗保障。语言服务作为医疗服务体系的重要组成部分，往往被医务工作者所忽略，而这正是提升医疗服务质量的重要助推剂。

基于医院语言景观研究的稀缺性与首都医科大学附属北京儿童医院的权威性，笔者将以该医院作为研究对象，通过实地考察与面对面访谈，了解其语言景观和人工语言服务现状，分析语言环境建设方面的特点与不足，并提出相关建议，优化医患交流体验、促进医患关系和谐。

二、研究设计

（一）研究对象

本研究选取首都医科大学附属北京儿童医院（西城院区）作为研究对象。该医院坐落于北京市西城区南礼士路56号，是一所集医疗、科研、教学、保健于一体的三级甲等综合性儿科医院。医院年均门诊量约300万人次，住院病人8万余人次，手术逾2.6万例。医院技术力量雄厚，拥有国家级重点学科儿科学等12个国家级平台，8个国家临床重点专科，5个北京市重点实验室，2个北京市级研究平台以及16个市级医疗中心。医院设有疑难罕见病例会诊中心和远程会诊中心，儿科疑难重症疾病的诊断治疗水平居国内领先地位，是中华医学会儿科学分会、儿外科分会，中国医师协会小儿外科医师分会，中华护理学会儿科专业委员会主任委员单位。医院共有在职职工3 210人，其中医生968人，护士1 325人，医技462人；正高级职称292人，副高级职称380人，中级职称692人。现有教授、副教授116人，承担着本科及博士研究生、硕士研究生、七年制儿科专业、护理大专及继续医学教育等多层次教学任务，并设有博士后流动站，每年为社会输送大量优秀儿科人才。北京儿童医院积极发挥学科龙头作用，领航儿科行业发展，与美国、俄罗斯、加拿大、意大利、澳大利亚、瑞典、德国、法国、日本、新加坡等国家的儿童医疗机构和科研院所建立了良好的关系和广泛的合作，是科技部认定的儿童重大疾病国际科技合作基地。多年来，医院积极践行公立医院改革，推进预约挂号工作，优化服务流程，改善患者就医体验，受到国家卫生健康委的肯定和广大群众的认可。医院还承担了上级部门委派的重大儿童传染病防治、抗震救灾支援、突发公共卫生事件救治等医疗任务。

（二）研究内容

2024年4月4日上午，笔者来到北京儿童医院进行实地考察。鉴于该地点的特殊性，笔者的考察范围主要包括门诊大楼、门诊诊室、医务人员办公室、医院食堂、医院超市以及相关沿路语言景观，并对相关素材进行拍照取证。笔者将医院语言景观分为儿童专用类、生活服务类、安全警示类、电子屏幕类、就医指示类、信息宣传类和社会价值观类七种，并针对不同类别的语言景观进行定性分析。

此外，为了解该医院人工语言服务的成效，笔者对医院相关人员进行了访谈，选取访谈人员时遵循随机原则。受访者包括一名科室医生、三名患者家长、一名导医台工作者、一名安保人员与两名医院超市职工。访谈内容主要围绕医患交流障碍、医院儿童用语、职工外语熟练度、交流用语礼貌度、患者就医过程满意度等问题展开。

三、研究结果

（一）语言景观服务

1. 标识牌性能分类

1）儿童专用类

由于就诊对象的年龄特殊性，首都医科大学附属北京儿童医院设置的儿童语言标识较多。例如，门诊楼特需门诊的门窗使用动画图案填充，以吸引低龄患者注意力，舒缓患者的紧张情绪（见图1）。但医院门诊量大，诊室多，可能由于布置成本高昂等因素，仅有部分特需诊室设置此类景观，其他普通门诊维持正常外观。此外，北京儿童医院是医疗领域科研人才的聚集地，医院内放置众多易拉宝，目的是招募更多调查对象以助力相关科研活动的开展。因此，易拉宝的设计也具备童趣性，如TIGER研究招募中的老虎元素

图1 特需门诊外观布置

和克罗恩病患者招募中的星星与云朵元素（见图2），此类设计首先是为了引起儿童注意，之后引起家长关注。同时，医院门诊楼一层配备了儿童设施，如母婴关爱室和儿童专用电玩屏幕（见图3）。电玩屏幕的布置十分可爱，右列是可供儿童挑选的不同游戏种类，页面边缘也布满了卡通元素。

图2　门诊楼易拉宝

图3　门诊楼一层大厅

2）生活服务类

医院中的生活服务定向区域主要有超市、食堂、停车场与医院出入口。该类生活服务标识牌的主要功能是为工作人员与患者提供生活便利。北京儿童医院门诊楼外部设有"安童超市"与"安童商店"两个小卖部（见图4），其名称设计十分巧妙，应当是"安抚孩童和保障儿童安全"之意。在空间布局上，两所超市沿门诊大楼呈对称分布。在商店名称的外观上，标题同为红底白字，但标题字体与材质均不同。"安童超市"名称板为哑光设置，且字体为黑体。"安童商店"名称板反光较重，字体设置为楷体。笔者认为造成以上差异的原因在于两家超市开张时间不同，因此店名标识牌定制时间不同，没有将牌照格式统一。

儿童医院门诊楼地下一

图4　医院超市标识牌

层为患者就餐区（见图5）。根据顶部的显示屏信息，左图商家主要售卖快餐（红烧肉饭、香炸鸡排饭等），右图商家重点售卖酸辣粉、水饺、关东煮等，但两家实际售卖的产品均为饮料与小零食等。标识牌下面的"以实物为准"显而易见是后粘贴上去的文字，破坏了整体的协调性与美观性。旁边的快餐图片、名称与价格布局则十分合理与清晰。实际售卖的商品标识牌多以手写形式展现，如"肉肠（原味）10元"，这一类纸质标识方便店家及时更换，但规范性并不够，容易造成价格误解。右侧图片实际售卖区域问题与左侧类似，因此重点研究顶部的标识牌区域。该处的图文排版不如左侧清晰可观，并且底部的价格均由纸质遮盖换新，这一举措容易引起误解，可能会被误认为更改价格。

图5 门诊楼地下一层患者食堂标识牌

最后，儿童医院"地下停车场"的两张标识牌格式与材质相同，但放置位置均接近地面，且存在栏杆遮挡问题（见图6）。白底黑字的"地下车库入口"标识牌字号较小，相较蓝色标识牌容易被忽略。医院"出口"与"北门出口"的标识牌颜色、字体、字号不统一，前者为藏蓝色，后者为宝蓝色。前者字号大而箭头小，内容更夺目；后者字号小而箭头大，方向更夺目。并且左下标识牌指示不明确，并未告知来访人员所指出口是哪一方向，容易造成混淆。

图 6　医院停车场、出口标识牌

3）安全警示类

安全警示类标识牌的设置旨在提升医院全体人员的安全意识，笔者将其分为卫生安全意识与一般安全意识。医院是高度注意卫生安全的场所，必须频繁消毒。图 7 左上的垃圾箱放置于特需门诊诊室的角落，位于出诊医生身后。感染性废物包括棉球、纱布、一次性输液器、各种医疗用品等。这一术语专业性较强，但也只由该诊室的医生使用，所以不会出现患者理解偏差导致错误投放垃圾的情况。

在一般安全意识方面，儿童医院的火灾逃生警示牌非常标准。地面与墙体两侧均用黄色警示胶带铺设，配有符合规定的图案指示，并用红色加重强调禁止事项，十分引人注目，可以看出儿童医院在火灾逃生方面的防范意识强烈，注重对医院人员的安全保障。乘坐电梯时，医院也设有"排队乘梯"的安全指示，这一指示牌的"原身"是一把扇子，工作人员将文字用彩纸打印后裁剪、张贴在扇子上。这种标识牌实用性较强、容易制作，但缺乏规范性且表面存在污渍，影响美观度。

图 7　门诊楼安全提示标识牌

4）电子屏幕类

儿童医院的电子屏幕类标识牌较多，分为自助服务机器和滚动屏幕两类。医院的自助机器完备，包含门诊报到机、采血报到机、取片机、报告打印机、挂号缴费机与信息查询机等（见图 8）。机器操作区域有相关文字提示，也存在用不同颜色放大强调的信息，每一台机器都有自身编号与服务电话，同时也有工作人员在旁边答疑解惑。在电子屏幕类标识牌方面，儿童医院紧跟当下数字化步伐，机器更新与配备及时，尤其为年轻家长就诊过程提供了极大便利。LED电子大屏与电视屏幕也是儿童医院电子标识牌的一大重要组成部分。门诊大厅的滚动屏幕上分别显示了科室分区与医师出诊表，前者的字体相同且横向展示；后者存在字体与颜色差异，划分为五列进行展示。门诊楼每一层都有若干诊台指示牌（如图 9 左下所示），患者在自助报到机报到后信息会显示在电视屏幕上，同一层的电视均会显示相同就诊排队信息，以便位于不同等候区的患者同时收到通知。该提示屏幕色彩丰富，将不同类型的信息通过不同颜色进行展示，同时将患者名字中的部分字用"*"表示，以保护就医人员的个人隐私，规范意识强。

5）就医指示类

首都医科大学附属北京儿童医院作为有 80 余年历史的医院，易因科室布局分散而导致就医过程混杂。在患者整体就医过程中，必须注意的指示牌主要有电梯、科室和温馨提示三种。

图 8　自助机器

图 9　电子大屏

首先，电梯类指示牌在格式与内容上大致相似（见图10），主要由电梯功能与抵达楼层组成，白底黑字；电梯标号设置为绿底白字。但不同楼层的电梯存在细微差异，整体欠统一。例如，图10左上、右上、左下三张格式统一，文字均居中；而右下侧标识牌与之存在差异：与前三张字体不同，且格式为左对齐。推测背后原因：电梯功能应与医院实际需求相匹配，或许部分电梯抵达楼层发生变化，并未更换全部标识，紧急信息也在电梯前方通过显示屏得到及时展出，以预备紧急情况发生。

图 10　电梯标识牌

其次，门诊楼内部科室指示牌包括地面指示与悬挂指示两种（见图 11）。整体构成类似，医院统一设置为蓝底白字，方向指示为绿底白色，功能分区明确。门诊地面指示设计巧妙，汉字方向与箭头方向相同，方便不同方向的患者察看。左下的悬挂牌也与前者保持相同样式，信息全面。而右下的悬挂牌则较为老旧，信息杂乱并无分类，存在明显的后期涂抹痕迹。室外标识牌设计则更为灵活，便于随时调整（见图 12）。功能指示类标识牌材质类似于亚克力板，观感更高质。由于室外分区相较室内更分散，多为发热、呼吸道等类型门诊，因此会在指定项目配备相关检测流程，由上至下以箭头连接，简洁明了。医院楼前设有 24 小时服务专区，院方曾在这里设置立牌，现在此区域指示牌沿圆柱张

图 11　门诊楼科室标识牌

贴，更引人注目。

最后，医院多地贴有温馨提示（见图13），部分提示配有落款与医院名称、图标。个别提示标识牌附有儿童医院属性，如左下图画有爱心并配字"祝宝贝早日康复"，这一举措在一定程度上为患者家长提供了情绪价值，体现了医院的人性化。但整体来看，提示类标识牌也欠统一。

图 12　室外标识牌

图 13　温馨提示类标识牌

6）信息宣传类

北京儿童医院获批多项荣誉（见图14），为多种儿童疾病治疗中心。院方将多个中心牌匾悬挂于大楼外部，以显示本院的专业性与权威性，也有助于增强就诊患者信心。医院配备系统化管理模式，以帮助患者及时反馈就诊过程中的不满。其他热线与后勤部门工作地点也都有公示，可见医院对患者的重视程度以及在此方面的规范性。

同时，楼内设有科研项目海报、线上出诊方法宣传、线上医保支付宣传、不同治疗项目价格宣传等标识牌（见图15）。左上方的图片为易拉宝，设计兼具美观性与简洁性，就医人员能够清楚地获得相关信息。右下方的图片利用显示屏进行宣传，其目的是方便屏幕滚动，以展示全部的项目名称与价位。表头颜色较深，表格主体部分每行用不同颜色进行区分，避免混淆，这也是当今大部分表格的格式。

图 14　医院权威性标识牌

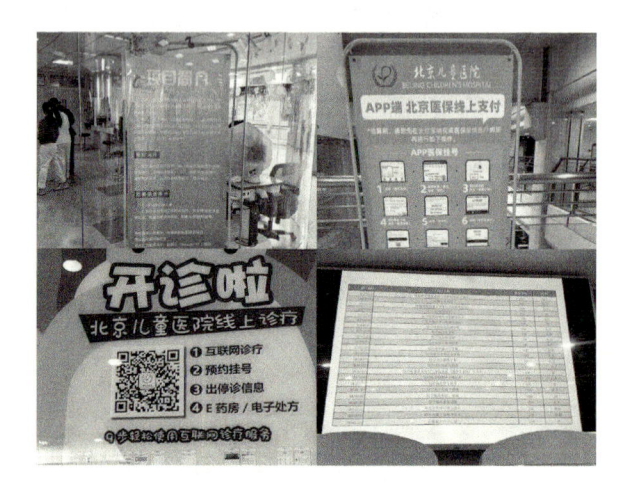

图 15　就医信息宣传类标识牌

7）社会价值观类

北京儿童医院作为国内首屈一指的公立性儿童医院，也肩负着社会使命。党的十八大以来，中央高度重视培育和践行社会主义核心价值观。在门诊大楼的一层大厅中，便设有社会主义核心价值观与文明北京的标识牌（见图16），旨在为就诊人员与医务工作人员带来正能量、塑造正确世界观。门诊楼外部也设有"维护医院安全秩序 惩治涉医违法犯罪"标识语（见图17），以警示患者理性就诊，避免发生医患冲突。整体来看，医院的此类标识符合价值观导向，仅在一层大厅摆放，引导目的明确。

图16 医院大厅文明标识牌

图17 大楼外部标识语

2. 标识牌语码取向

1）语码选择

语码选择即一个多语码社会对标准语基础的选择与确定。语码是人们用来传达信息的变体。北京儿童医院的建筑楼名称（见图18）、部分科室标识牌（见图19）和重要安全信息标识牌（见图20）设置为中、英双语，也有部分温馨提示等标识牌没有英语。根据北京市地方标准下发的《公共场所中文标识英语译写规范——第5部分：医疗卫生》，首都医科大学附属儿童医院的官方英译为"Beijing Children's Hospital, Capital Medical University"，实际翻译符合规范。楼、科、室等医院内部功能设施规定译作Building、Department和Room，其中门诊楼译为Outpatient Building或Outpatients（Building可省略），北京儿童医院的"门诊"写作"Outpatient Department"，急救中心"Emergency Center"的翻译也较规范。另外门诊楼六层"特需门诊"的译文（VIP Clinic）十分贴合实意。在楼内的具体科室标识牌中，最大的问题是英文字号相对较小难以看清，其次才是译文。例如，图19的指示牌悬挂于屋顶处，中文字体大小较合适，可以分辨科室名称，而下方的英语字体过小，甚至用手机放大也难以认清全部内容。此外，翻译内容不统一。女卫生间译为"Ladies Room"，而男卫生间译为"Male Toilet"，相应部分不一致。

图18　大楼双语标识牌

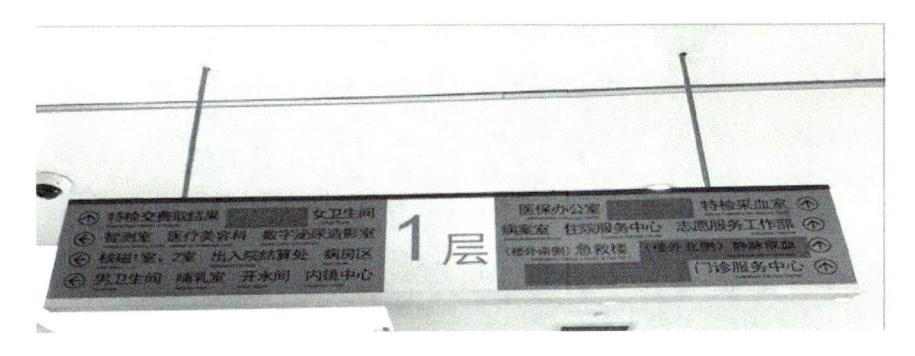

图 19　科室双语标识牌

图 20　安全警示类双语标识牌

在安全警示标识牌（如禁烟和消防疏散标识）中，配备了相关的"No Smoking""Fire Hydrant"等提示语，以便到访医院的各语种人员掌握安全须知。

2）语码布局

汉语标牌语码布局通常为自上而下、从左至右，或是通过字号、字体的不同以传达重要程度不同的信息。在图21中，左侧为粘贴性标识牌，整体略有参差。右侧图片的语码布局不恰当，削减了信息传达的准确性，其实际断句为"西门出口，患儿家长离院后请从东门入院"，第一行应与后四行保持一定间距，或通过改变字体大小来传递实际意思表示。

图 21 沿路标识牌

3. 标识牌置放位置

标识牌的置放位置越明确，对到访人员的引导作用也将越准确。医院整体上标识牌置放位置合理。例如，图 22 右列的指示牌分别置放在上方与正前方，都是根据实际经验总结而出的最佳视觉点。人们在下楼时站位较高，因此将"小心地滑"标识牌放置于墙体顶部，反方向的两个标识语放在地面，为上行提示。"职工通道"标识牌位于通道的必经拐弯处，便于患者及时更换线路。左上角蓝色标语是医院各楼方向的标识牌，但放置于路边绿化后，指示信息遭遮挡，应当及时更换放置位置。

图 22 标识牌摆放

4. 标识牌访谈

在询问医院一位安保人员对医院指示牌的看法时，他表示自己是儿童医院的老员工："现在的标识牌比以前进步多了，整体上各方面都在进步！"在询问医院标识牌置换周期时，他表示："他们会根据需要更新相关牌子，正常没有什么故障是不会换的，有不方便的地方再换。咱们医院的牌子特别多，你只要仔细看就能看得很明白。"他指出："只是一般家长来这里他不看牌子，真正看牌子的人太少了，他们直接就走过来问路，连看都不看，压根儿不是看不懂，而是根本不看。直接问你有些地方在哪，咱们有工作人员，他们就习惯性直接问了。"一位导医台护士称"医院的标识牌很清楚"，不过她也透露出和安保人员相似的观点："患者更偏向于直接找我们问路，不太会看牌子。"

医院超市老板娘X也曾带孩子到儿童医院来看病，她认为"这些路标都还可以，没有什么问题，如果遇到问题也可以问其他工作人员，整体上（标识牌）还是很全面的"。患者A家长表示"非常清楚，我们都能看明白"。一位患者家长称："我们从进医院大门到这层的门诊大厅，沿途标识都挺清晰的，没有什么问题，我们都能看懂。刚才做肺功能（检查）也有护士带着我们去，要不然自己找太费事了。"笔者询问患者家长是更偏向看指示牌还是询问导医台工作人员时，她笑称自己"见招拆招，问题能解决就行"。

（二）人工语言服务

医疗语言服务是在诊疗过程中以医务人员作为特定的言语主体、患者作为特定的言语客体的语言会话活动和现象。广义的医疗语言包括口头语言、形体语言和书面语言。笔者在2024年4月4日共对8位医院相关人员进行有关语言服务的访谈，包括3位患者A、B、C，临床医生L、导医台护士D、医院安保人员E、医院超市职工F和G。

当天是清明节放假首日，医院门诊并未全部开放，仅包含特需门诊、急诊以及部分普通门诊。医院小卖部老板F表示："今天的人流量并不是很多，一般医院人最多的时候是在上午，因为这个时候大家刚来。超市人最多的时间是在中午，许多人会来买吃的。"医院安保人员E也表示："像今天人不算特别多的了，一般周一人是最多的，简直人挤人，到处都是人。"

针对医院的5名工作人员，笔者的首要问题围绕是否存在与患者的交流障碍展开。经考察，笔者将交流障碍划分为三类：知识障碍、方言障碍与情绪障碍。

一是知识障碍。整体而言，医院工作人员认为与患者会产生交流障碍，而且科学知识水平是医患障碍中最常见最重要的，但这些障碍在双方努力下基本可以解决。临床医生L表示："比方说在就诊前，有些病人会到百度或者抖音上查阅相关病情资料，因此就形成了一些主观判断，常常会导致对疾病的错误认识。这又分为两种情况，一种是他看的资料和疾病比较符合，这就容易和他解释，但有时候他们看的和自己本身病情并不一样，只是有些类似，他就会认为自己（得的）是这个病或者应该采用这种治疗方案。这种情况下，和他们交流会变得非常困难。"主任L尤其强调科学知识水平障碍："一方面是患者，另一方面是医生。有些病人你和他讲得很详细，但他们完全听不懂。当然，这也和医生的水平有关系。医生如果真正理解透了，就可以用大白话给病人讲出来，这样他们才有可能会听懂。"

二是方言障碍。医患交流时方言问题很常见，但几乎不会出现完全无法沟通的极端情况。新冠疫情暴发初期，为帮助外地援鄂医疗队解决医患沟通的方言障碍问题，助力武汉及湖北其他地市抗击新冠疫情，在教育部语言文字信息管理司指导下，全国各地的语言学专家迅速组成"战疫语言服务团"。服务团研制了"抗击疫情湖北方言通"，包括微信版、网络版、融媒体口袋书、即时翻译软件、在线方言服务、视频软件等多种形式，为抗击疫情的医护人员及相关群体提供多维度语言服务。基于此，笔者好奇北京儿童医院在面对外地就医人员时是否会碰到方言障碍，以及是否配备相关语言辅助工具。临床医生L表示："我们80%~90%的患者都来自外地。方言确实存在，但这并不是主要的问题。"当问及是否需要翻译软件时，L表示："其实到北京来看病的患者他们都会做好相应的准备，尽量自己提前把障碍解决掉。"这不同于武汉当时疫情的突发状况，因此他们并不认为医院急需配备相关方言翻译软件。在这一点上，超市老板F感觉上班时"最大的障碍也就是口音吧，但是方言重的人非常非常少，像我一般都能听懂"（老板娘自身也带有很浓重的南方口音）。另一位小卖部职工是不久前新就业的女生G，她称自己上班这些天来"没有碰到什么方言交流障碍"。安保人员E则指了一圈周围的人说："这些人基本都是外地人，咱们医院的人都来自全国各地四面八方，都是在本地看不了的病，所以就上知名医院来了。不过障碍什么的，倒是挺少的，我们基本上都能听个大概意思。"

三是情绪障碍。这种障碍通常是患者及其家属的个人情绪导致的，而医院工作人员则需要以平和的情绪克服障碍，因此医务人员将其视为问题之一，患者却往往意识不到这一问题。受访者E是一名在门诊楼六层执勤的安保人员，他的日常工作便是维护值岗区域的秩序。笔者询问他在工作中是否会遇到医患冲突，他感慨道："有啊！当然有！一般几天就会碰到一个。"在描述冲突发生的情境时，他笑称："大多数时候都还是好的，极个别家属态度不太好，会闹事，但也很少！其实也不是非要闹事，就是有时候会和工作人员发生争执。主要也是孩子看病着急闹得，我们也都理解，毕竟自己的职责就是维持秩序，难免有点冲突，但都能很好地解决。"对比和医院其他工作人员的沟通，他表示："医院的同事都挺好的！沟通都没什么事儿。"导医台的一位年轻工作人员D表示："这种情绪引起的障碍太多了，有的家长沟通比较困难，只能让他去和诊台更资深的工作人员沟通（出现障碍的原因），可能是患者内心焦虑、急躁或情绪激动吧。"笔者询问L医生是否会注意交流用语的礼貌程度，L表示"礼貌"一词"用在这里不太合适"，他称"如果非要说礼貌用语，大概我们最常用的就是'您好'和'请坐'"。L反复强调"平等"与"尊重"："患者既不是上帝，我们也不是真正的天使，大家都是平等的，只要相互尊重、相互理解就好。"

反观患者视角，交流障碍却相对较少。患者A一家来自山东，爸爸妈妈和姐姐一同陪伴这位小男孩来北京就诊。A的家长在与笔者交谈时流露出满意的笑容，她表示就诊体验非常好："我还和孩子说呢，你看这边的人素质多高呀！"包括与其他医务人员的交流，她都非常满意，还与笔者提起一件小事："孩子今天手机丢了，安检处还专门帮我们找到并放在前台了。"患者B一家来自山东济宁，接受访谈时他们正在门诊处等待叫号就诊。他们也称："医生语言表达的清晰度和礼貌度都挺好的。"患者C一家来自山西，他们表示"此次就诊十分紧急，因为在当地医院看完，数据一直升高，我们就想找一个权威的医院看看"。初来乍到，他们称："（到）目前为止，医院的工作人员都很好。"

笔者的第二大问题围绕儿童医院的儿童用语展开。医务人员需要以更生动具体的语言与儿童患者交流，但总体上与低龄群体直接交谈的机会并不多。儿童医院和其他综合性医院的主要区别之一在于就诊群体不同，前者针对的是18周岁以下群体。那么针对这些低龄患者，医护人员是否会采用特殊用语呢？临床医生L表示："两种医院的语言差异肯定存在。像成人医院主要是和患者直接交流，或者说一半一半，50%和家属，50%和患者沟通。但是在儿童医院，我们主要是和家长交流。因为低龄儿童既没有决定权，也没有正确的判断能力。"在儿童用语方面，临床医生L提到："我们需要转换成一些小孩能听懂的语言，尤其是用词方面要照顾到他的理解力。"L很生动地举了一个例子："在做手术前，我不会具体告诉他这个手术应该怎么做。比如说我要做一个刺激器植入，我就会告诉他我要在脖子这里给他植入一个小的机器，我要给他讲得笼统一点，他只要能大概知道这个事情（是）怎么回事就可以。特别是一些不良反应的后续情况，不要给孩子介绍太多，他们理解不了，但我们会向家长进行全面详实的介绍。"至于具体情况，临床医生L再次表示还是要"因人而异"："每个人的专业背景不同，认知水平也不一样。"此外，"在医学生本科阶段学习儿科学的时候，会有专门的语言培训。但我们现在就不会再有过多的相关培训了"。在询问患者A一家医生与儿童本人的交流程度时，家长表示："医生也会和孩子交流，交流过程中没有什么问题，我觉得非常好！"患者B一家称："因为我们之前在山东那边住院了，所以来这里我们要首先和医生交代一下孩子的情况，再确诊一下。所以，前几次（医生）和孩子沟通的情况会相对较少一些。（医生）我觉得也不太需要和孩子沟通。"

笔者的第三大问题围绕儿童医院医务工作者的外语能力展开。基础英语水平是对医生与护士的必备要求，但实际上医生在治疗过程中很少运用外语与患者直接沟通。针对这一问题，外科主任L表示："像英语四六级这些都是最基础的，本科生都要通过这个考试才能毕业。我在选学生的时候，英语是一项锦上添花的事情，但其实也没有下限，只要英语不太差就可以。"他说："我们平常会遇到俄罗斯人、蒙古人、哈萨克斯坦人，他们根本听不懂汉语，但通常都会有人陪同看病，相当于这个人就是我们的交流中介。"笔者询问L医生是否会直接用英语或其他外语与患者本人交流，L声称："这种情况会有，但医学很忌讳引起歧义，这是一件很严谨的事情，一旦出现歧义，就会有不必要的误会。而且中国话本身就有很多含义，你自己再表达不好，就会产生更多的问题,所以必要时还是通过中介进一步交流确认。"导医台工作人员D称:"其实外国患者真不是特别多。"

在整个访谈过程中,患者A的妈妈重复了许多遍"非常好!",A的爸爸也在一旁不停笑着点头。

四、结论与建议

(一)调研基本发现

1. 语言景观类

医疗标识牌在医疗机构中扮演着至关重要的角色。北京儿童医院的标识牌性能较为全面,主要分为儿童专用类、生活服务类、安全警示类、电子屏幕类、就医指示类、信息宣传类和社会价值观类。这些标识牌既可以帮助患者、访客和医护人员在庞大复杂的医院中快速找到特定的诊所、识别不同的区域,也有助于向患者提供重要的信息,如门诊开放时间、特殊设施的说明等。儿童医院部分同类标识牌格式与外观相统一,但由于医院信息繁杂且需要及时更新,标识牌不能及时更换,因此涂抹与修改的痕迹较重。在语码选择方面,标识牌以中文为主,部分标有英文。但英语标识仅有"形式",实用性不强,部分字体不易辨认且翻译内容存在偏差。标识牌的置放位置从实际情况出发,基本放置于醒目的位置。各个标识牌的不同特点和用途创造了医院清晰、有序的导视环境。总体而言,医疗标识牌对于提升医院形象、优化患者体验以及提高医疗效率具有重要意义。这不仅是医疗机构内部导航的关键工具,也是提升医疗服务质量的重要保障。医疗语言景观还与医院的形象和声誉密切相关,一个具有专业性和友好性语言景观的医疗机构,往往能够给患者留下积极印象。然而,到儿童医院就医的人员对标识牌的关注较少,更偏向于"人工"标识。

2. 人工语言服务类

医疗语言服务,作为一种跨文化和跨语言交流的桥梁,在医疗服务中扮演着至关重要的角色。在医疗服务中,语言是医护人员与患者之间最重要的沟通工具。医护人员通过语言了解患者的病情和需求,从而更好地开展工作中,提供优质的医疗服务。北京儿童医院的职工与就诊人员的语言体验存在差异,前者认为与患者的交流障碍很常见,后者则认为交流基本上很顺畅,感到"满意"。笔者认为这一差异的背后是完善的职工系统与工作人员的高素质水平。该医院职工管理严格，规章制度严密，各工作岗位的人员专业性较强。医院设有大量咨询与安保人员，门诊楼每层均设有导医台与保卫处巡逻人员，各区域自助机器前也有工作人员提供技术帮助，甚至导医台前往往会出现排队提问的情况。许多儿童患者家属意识不到自身的情绪问题，而医院职工却需要耐心回答家属的各类问题，情绪障碍的矛盾便由此产生。另外，针对特殊语言要求，即儿童用语与英语水平，儿童医院基本不会再为职工提供额外的培训，这是医生与护士在大学期间的必修课程。出于医学的严谨性，医生们在接待外国患者时既可直接使用英语，也需要使用中文向交流中介准确解释病情。总体而言，医疗语言服务在医疗服务中发挥着不可替代的作用，它有助于提升医疗服务质量，加强医患沟通，促进医疗行业的国际化发展。

（二）提升语言服务质量的建议

首先是语言景观。由于儿童医院标识牌繁多且发展迅速，同时换新与统一整理标识牌是一项过于理想且经济开销过大的任务。因此，部分覆盖式修改是合理的，只要确保信息准确无误即可。在后续的更换过程中，其总体质量的提升需要从多个方面综合考虑。在材质选择上，要以易清洁、耐磨损的材质为主，以确保标识牌的持久性和美观度，兼顾材质的安全性和环保性。在设计方面，标识牌的颜色、字体和大小的选择都应进一步完善，考虑患者的视觉习惯和需求。在维护方面，要定期清洁标识牌，及时更换损失或模糊的标识牌。在智能化方面，要使电子类标识牌具备动态更新和交互功能，提高信息的实时性和便捷性。在多语言方面，要提升对基本导向类标识牌翻译的重视程度，更改翻译错误。在反馈方面，要定期收集患者和医护人员的反馈，了解他们对标识牌的满意度和改进建议，从而不断优化标识牌的设计和制作。综上所述，提升医院标识牌质量需要从材质选择、设计与制作、信息内容、安装与维护以及智能化与互动性等多个方面入手，遵循系统性、便捷性、适应性、规范性原则，以打造出清晰实用的医院标识牌，为患者提供更好的就医体验。

其次是人工语言服务。医疗语言服务具有跨学科性、高度情景化、角色多元化、能力要求复杂化、语种需求差异性和知识管理必要性等特点。虽然儿童医院的医护人员表示外国患者并不常见，但随着全球范围内的人口流动带来了对医疗与健康服务的需求，无障碍的语言环境是儿童医院迈向国际化所必须面对的社会现实问题。因此，医院可以设立少量医疗翻译岗位或提供翻译软件，为少量外国患者提供适时引导与帮助，确保他们最大限度地理解医疗信息。医务工作者群体应具备清晰、准确解释病情、治疗方案和用药指导的能力，同时也要能够理解和回应患者的担忧，稳定患者及其家属的情绪，注重语言的文化敏感性以增强患者的归属感和信任感。此外，儿童医院应当提高对在线医疗语言服务的关注度。医院可以充分发挥自身的资源优势，完善门户网站，开设社交媒体账号，通过宣传册、微信公众号、短视频等专栏渠道，开展线上健康科普讲座等多样化与生动性的专业活动，加强对儿童医疗技术新动向的把握与常见疾病预防等方面的科普教育，建立有本院特色的宣传体系，切实转变儿童以及其家属的健康理念，提升公众的医学素养，减少因语言沟通不畅导致的误解和纠纷。综上所述，提升医疗语言服务质量需要医务人员、医疗机构和社会群众的共同努力。通过加强培训、提供多语言服务、简化医学术语、加强信息化建设等措施，可以不断提高医疗语言服务的质量和效率，为患者提供更好的就医体验。

首都国际机场与大兴国际机场的语言景观与语言服务调查研究

季 红 王科硕

(首都经济贸易大学外国语学院，北京，100070)

摘 要：本研究旨在比较分析北京首都国际机场和北京大兴国际机场的语言服务与语言景观，探讨两个机场在语言服务方面的异同。首都机场作为中国最大的国际航空枢纽之一，经历了多年的发展和积累，在语言服务与语言景观方面拥有丰富的经验和成果；而大兴机场作为中国新一代国际航空枢纽，秉承先进的设计理念和技术手段，在语言服务与语言景观方面有着新的探索和突破。通过文献资料收集和实地调研，本研究发现，首都机场在语言服务方面较为成熟和完善，设有多语种的语音提示和标识，提供多语种的服务人员，并设有专门的语言服务中心；而大兴机场在语言服务方面也在不断进步，采用了先进的语音识别和翻译技术，提供更智能化和便捷化的语言服务。在语言景观方面，首都机场的语言景观更加丰富多样，包括各种语言标识、广告、艺术装饰等，呈现出浓厚的国际化氛围；而大兴机场在语言景观设计上更加注重现代化和科技感，采用了更多的数字化展示和互动体验，展现出新时代的航空枢纽风貌。总体而言，北京首都国际机场和北京大兴国际机场在语言服务与语言景观方面均取得了显著进步和成就，但也存在一些问题和挑战。未来，应进一步加强两个机场在语言服务和语言景观方面的合作与交流，促进中国航空事业的发展和繁荣。

关键词：语言服务；语言景观；首都机场；大兴机场；比较研究

一、引言

机场作为国家门户和城市名片，其语言服务和语言景观的品质直接关系到国家形象和城市形象的展示，对于提升旅客体验、促进旅游业发展、增强城市软实力具有重要意义。首先，机场语言服务和语言景观是国家软实力的重要体现。随着全球化进程的加速，机场已经成为国家对外开放的窗口和形象的重要展示场所。优质的语言服务和语言景观可以向世界展示国家的文化底蕴和现代化水平，增强国家的软实力和文化吸引力。其次，机场语言服务和语言景观对于提升旅客体验和服务水平至关重要。作为旅客出行的起点和终点，机场的语言服务和语言景观直接关系到旅客的舒适度和满意度。良好的语言服务可以提高旅客的出行效率，增强他们的出行体验，有助于吸引更多旅客选择该机场。再次，机场语言服务和语言景观对于促进旅游业发展具有重要作用。机场作为旅游业的重要组成部分，其语言服务和语言景观的品质直接关系到游客对目的地的印象和体验。优质的语言服务和语言景观可以吸引更多游客选择该目的地，促进旅游业的发展。最后，机场语言服务和语言景观的改善对于城市形象和经济发展也具有积极意义。机场是城市的门面和窗口，其语言服务和语言景观的品质直接关系到城市形象的展示和塑造。良好的语言服务和语言景观可以提升城市的知名度和美誉度，有助于吸引更多的人才和投资，促进城市经济的繁荣发展。因此，机场语言服务和语言景观的改善对于国家形象、旅客体验、旅游业发展和城市经济具有重要意义，应引起各方的高度重视。

北京首都国际机场和北京大兴国际机场是中国两大重要国际机场，比较研究两大机场的语言景观具有重要意义。首先，比较研究可以揭示两个机场在语言景观设计和实施方面的优劣势。通过对两个机场的语言景观进行比较，可以发现它们在语音导览、广播通知、安检提示等方面的设计和实施方式的差异，为两个机场语言景观的优化和改进提供参考和借鉴。其次，比较研究可以促进两个机场之间的经验交流和合作。通过比较研究，可以发现两个机场在语言景观设计和实施方面的共同点和差异，为两个机场之间的经验交流和合作提供契机和平台，共同提升语言景观的质量和效果。再次，比较研究可以为其他机场提供借鉴和参考。作为中国两大重要的国际机场，北京大兴国际机场和首都国际机场在语言景观设计和实施方面的经验对其他机场具有借鉴和参考意义，可以为其他机场改进和优化语言观提供经验和启示。最后，比较研究可以促进机场语言景观的可持续发展。通过比较研究，可以为机场制定长期的语言景观发展规划和策略提供参考，促进机场语言景观的持续改善和发展，为旅客提供更加便捷、舒适的服务体验。

二、北京首都国际机场的语言服务与语言景观

（一）语言政策

北京首都国际机场（以下简称"首都机场"）的语言政策对于提供优质服务、改善旅客体验至关重要。作为中国最大的民用机场，首都机场不仅是国际航空枢纽，也是中国形象的重要窗口。因此，其语言政策需考虑到来自世界各地的旅客和乘务人员的语言需求。首都机场的语言政策主要包括以下几个方面：

（1）多语种服务：首都机场的工作人员需具备流利的英语能力，并且能够提供其他主要语言（如韩语、日语等）的基本服务。机场还提供多语种的标识和指示，方便旅客在机场内导航。

（2）语言培训：为了提高工作人员的语言水平，首都机场会定期组织语言培训课程，以确保他们能够为旅客提供优质的语言服务。

（3）多媒体服务：机场内的信息发布和广播系统会提供多语种服务，以满足不同国家和地区旅客的需求。

（4）外语标识：机场内的标识牌、指示牌和广告也会提供多语种的信息，使得不同语言背景的旅客都能够轻松理解。

（5）文化交流：首都机场还会定期举办文化交流活动，向外国旅客介绍中国的文化和历史，增进相互了解。

总体而言，首都机场的语言政策致力于提供高效、便捷和友好的语言服务，为来往的国际旅客创造一个舒适、安全的旅行环境。

（二）在线语言服务

1. 首都机场官网

首都机场作为北京地区规模较大的一座国际性机场，秉持着国际化、多元化的服务理念，其官网为来自世界各地的旅客提供了四种常用语言服务，分别是中文、英文、日语和韩语（见图1）。这几种语言服务具有重要的作用。首先，这些语言服务有助于消除语言障碍，确保旅客能够顺利地进行交流和获取信息。无论是办理登机手续还是寻找航班信息，旅客都可以使用熟悉的

语言浏览网页。这为旅客提供了更多的便利，提高了旅客的满意度。其次，多种语言服务体现了机场官网的国际化和多元化，满足了不同国家和地区旅客的需求，提升了机场的服务质量和竞争力。这有助于吸引更多的国际航班和旅客，促进国际交流和经济发展。总之，首都机场官网的四种语言服务对于提供高效的沟通、提升服务水平、促进国际交流和确保旅客的安全与便利都起到了积极的作用。但通过调研，除英语外，首都机场官网的语言全部是亚洲语言，缺少法语、阿拉伯语、西班牙语等更多国际通用语言。

图1 语言种类

此外，首都机场官网还提供各种机场服务，比如购物与餐饮、Wi-Fi网络、停车指南、近期天气、旅行咨询、汽车租赁、休闲娱乐和免费摆渡车等其他模块的查询服务（见图2）。这些查询服务可以让游客更加便捷地获取信息、规划行程。

值得注意的是，首都机场官网的航班状态只可以查询昨天、今天、明天的航班信息（见图3），且不支持退改签操作，旅客需要通过其他途径退改签机票。笔者认为，在这一点上，首都机场的服务有所欠缺。

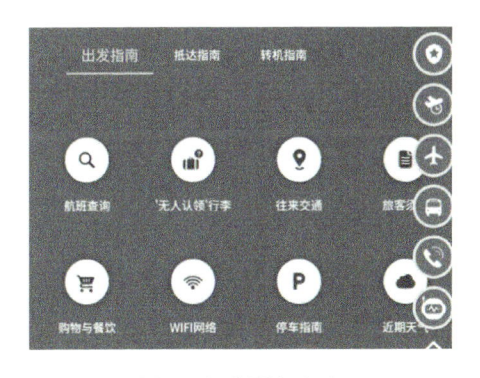

图2 语言服务内容

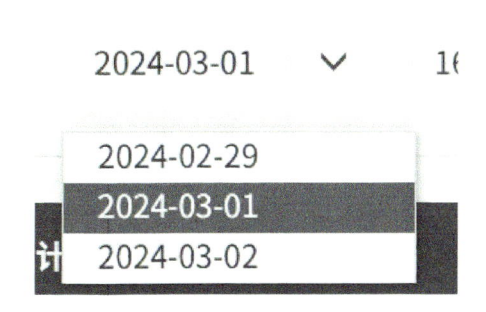

图3 航班日期信息

2. 首都机场 App

首都机场开发了专门的应用程序，同样为旅客提供了非常完备的机场服务，包括购物与餐饮选择、Wi-Fi网络、停车指南、近期天气旅行咨询、汽车租赁服务、休闲娱乐活动以及摆渡车等。这些服务不仅有助于提升旅客的出行体验，还可以提供在线直接办理托运服务，为旅客节省时间和精力。然而，笔者认为存在的问题是首都机场App目前没有英文以及其他的语言服务，这可能会给外国旅客在语言上造成一定的障碍，不能满足其语言服务需求。而且App内容并不完善，查询2024年2月29日的航班信息时，发现"明天"是2月30日，但是2月并不存在30日（见图4）。

图4　日期信息错误

3.首都机场微信公众号

首都机场微信公众号同样能够提供各项查询服务，比如航班查询、在线值机、行李追踪、安检服务、机场交通以及其他各项机场服务，但是微信公众号同样没有设置多语言版本，仅限中国游客使用（见图5）。笔者认为这一点可以再进行优化，以便为外国旅客提供便利。

图5　微信公众号

4. 首都机场官方微博

通过查阅浏览首都机场的官方微博，我们发现官方微博每天仅发布有关天气以及机场内各项新闻的相关消息，并没有航班消息以及其他内容（见图6）。所发布的信息量有限，对于想要查询航班的旅客或者外国旅客而言，并没有太多实质性的帮助。

图 6　官方微博

5. 首都机场官方推特账号

首都机场的官方推特账号拥有6万多个粉丝，通常会发布一些有关航班的新闻，比如中国对哪些国家实施免签、机场提供哪些服务，偶尔也会发布一些中国传统节日介绍，平均一天一更（见图7）。整体而言，首都机场的推特账号内容丰富，但仍可加入例如有关中国旅游景点介绍等信息。

图 7　官方推特账号

（三）线下语言服务

1. 标语

笔者通过实地调查，总结了首都机场的一些场内标语，通过分析发现，总体而言，首都机场的英语标语翻译质量较高（见图8、图9）。首都机场作为中国的重要国际交通枢纽，其英语标语的翻译需要准确传达信息，同时也要符合英语的表达习惯和语法规则。比如下面这些常见的首都机场英语标语翻译简洁明了，易于理解，能够有效地为国际旅客提供指引和信息。

（1）"欢迎来到中国"："Welcome to China"。

（2）"出发"："Departure"。

（3）"到达"："Arrival"。

（4）"登机口"："Boarding Gate"。

（5）"行李提取"："Baggage Claim"。

（6）"转机"："Transfer"。

（7）"安检"："Security Check"。

（8）"休息室"："Lounge"。

（9）"信息咨询"："Information Desk"。

（10）"机场服务"："Airport Services"。

图8　双语服务（1）　　　　图9　双语服务（2）

2. 广播

首都机场的广播使用汉语、英语两种语言，内容通常包括以下几个方面：

（1）航班信息：广播会宣布航班的登机口、起飞时间、延误情况等信息，以便国际旅客及时了解航班情况。

（2）安全提示：广播会播放关于安全检查、行李携带规定、禁止品规定等方面的提示，提醒旅客注意安全。

（3）服务信息：广播会介绍机场的各种服务设施，如贵宾厅、商店、餐厅等，帮助旅客更好地利用机场设施。

（4）旅游信息：广播可能会播放与旅游相关的信息，如当地景点介绍、交通指南等，为国际旅客提供便利。

（5）紧急通知：在紧急情况下，如恶劣天气、突发事件等，广播会播放相关的紧急通知和指示，提醒旅客采取必要的措施。

（6）文化宣传：广播可能会播放中国文化、历史等方面的内容，增加国际旅客对中国文化的了解。

整体而言，首都机场的广播内容全面，旨在提供各种信息和服务，让旅客在候机期间得到充分的信息和帮助。但笔者通过实地调查，发现机场的英文广播次数较少，中间间隔时间较长。

3.服务人员语言水平

笔者咨询了机场安检人员、办理托运工作人员（国际和国内）与售票处工作人员一些有关语言服务的问题。这些问题主要包括：①工作人员目前的语言水平；②工作人员能否与外国人进行有效沟通；③访谈对象近期有没有提升语言能力的计划；④公司在招聘时是否会考虑员工的外语水平；⑤岗前培训的时候会不会进行外语培训。

访谈得到的答案如下。

安检人员："英语水平还可以。如果碰到外国人，可以通过简单交流为他们提供帮助。鉴于工作单位的性质，经常接触到外国旅客，所以近期有提升语言能力的计划。在投简历的时候，也会有外语水平的要求。进入公司之后，会有岗前培训、外语培训之类的活动。"

办理国内托运的工作人员："我有语言证书，我考过了大学英语四级证书。如果是跟外国人沟通，可能语言交流方面差一点，但是也差不多能听懂。我们有一些同事英语比我好，有语言（能力）提升的计划。我们参加招聘的时候，会外语算是加分项，但也会综合考虑其他业务水平。入职前也有外语类培训。"

办理国际托运的工作人员："我的语言水平中等，因为我们的工作和外国人接触较多，所以需要经常回答外国游客的基本问题，如果语言不通的话会带来很多不便，所以能达到基本的沟通水平。我目前正在学英语，有时候会背一背单词。（语言能力提升计划）会考虑的，这个肯定会考虑的，我有的同事还有雅思证书。岗前有英语培训，会给我们培训一些基本的机场用语，然后也会有小测试。"

售票处工作人员："我的英语水平还可以，如果有我自己没有能力沟通的，会问我们其他同事。有提升（语言能力）的计划，想好好学英语。招聘的时候没有明确指明证书的要求，但是如果有证书的话肯定是加分项。有岗前培训，也会学英语，主要就是英语，一般没有其他的语言培训。"

总结而言，首都机场的工作人员语言水平整体如下。

首先，部分工作人员有像四六级这种语言类证书，其中国际航班处工作人员的外语水平会比其他岗位人员的高一些，而且他们应聘的时候也会有证书要求，但是其他工作人员没有硬性要求。

其次，关于运用外语进行沟通的问题，工作人员可以就机场相关问题和外国人进行有效沟通，从而帮助外国人解决一些常见问题。同样也是国际航班部分的工作人员更加专业，还有个别工作人员留过学，取得了雅思证书。

再次，很多工作人员提到会有提升语言能力的计划，因为毕竟在工作中会经常使用到外语。并且公司招聘员工时，有语言类证书会是一个加分项。

最后，从工作人员口中得知，航空公司对于工作人员的岗前培训会包括语言培训，以便机场能够更好地提供多语言服务。

4. 满意度调查

除了对于工作人员的采访调查，笔者还随机采访了几位外国旅客，询问他们对于机场语言服务是否满意以及有何宝贵意见。外国旅客均表示对首都机场的语言服务满意度良好。这里附上一位英国旅客的回答。

"Yes, I think the language service is very good. I haven't gone to other airport in China, but I think the language service in this airport is very good and many attendants can help me in some details. For example, I can't search the bank in this airport, so I asked the attendants. And she can tell me where should I go."

三、大兴国际机场的语言服务与语言景观

（一）语言政策

北京大兴国际机场（以下简称"大兴机场"）实行多语种服务，主要包括中文、英文、日文、韩文等，以满足不同国家和地区旅客的语言需求。大兴机场的语言政策是一个重要的管理措施，旨在提供多语种服务，满足不同旅客的语言需求，提升机场的国际化水平和服务质量。大兴机场的语言政策主要包括以下几个方面：

（1）大兴机场实行多语种的标识和指示。机场内部的标识牌、指示牌、广播通知等都采用多种语言，包括中文、英文、西班牙文、法文等，以便不同国家和地区的旅客能够清晰地了解和使用机场的设施和服务。

（2）大兴机场提供多语种的服务人员。机场的导游、安检员、服务台人员等都具备多语种的能力，可以用英语、日语等多种语言为旅客提供服务，解决旅客在出行过程中遇到的语言障碍。

（3）大兴机场提供多语种的信息服务。机场的信息发布系统和互动设备提供多种语言的信息查询和交流功能，旅客可以通过这些设备方便快捷地获取到需要的信息。

（4）大兴机场积极开展多语种的文化交流活动。机场定期举办艺术表演、文化展览等多语种的文化活动，为不同国家和地区的旅客提供了解中国文化和其他国家文化的机会，促进了不同文化之间的交流与理解。

总体而言，大兴机场的语言政策体现了机场的国际化服务理念，旨在为不同国家和地区的旅客提供更加便捷、舒适的服务体验，提升机场的国际形象和竞争力。

（二）在线语言服务

1. 大兴机场官网

大兴机场官网提供了中文和英语两种语言服务（见图10），满足中国游客和国际游客的语言服务需求。

图 10　语言种类

经查看分析，大兴机场官网比首都机场官网提供了更多的服务选项，如查看登机路线和扫码关注航班实时动态（见图11）。

图 11　航班动态

点击黄色的"Boarding routes"按钮，就可以定位到旅客当前的位置，然后可以选择要去哪个登机口，从而进行路线规划，帮助初次到大兴机场的旅客（不仅包括国际旅客，还包括国内旅客）快速规划路线，到达目的地，节省时间。

相比于首都机场，大兴机场还提供了在官网上进行在线值机和退改签的功能（见图12），这不仅能节省线下办理的时间和精力，还能在线查看航班时间，实时关注航班动态变化，及时调整个人行程安排。大兴机场官网还提供二维码，旅客可以直接扫码查询实时的航班信息。

图 12　值机和退改签

2. 大兴机场App

与首都机场相比，大兴机场App提供了英语服务，能够满足国际旅客对于App的语言服务需求。大兴机场App旅客提供了查看地图、在线值机、行李托运、查航班、换乘等全面的服务，但也只能提供三天的航班信息（见图13）。

3.大兴机场微信公众号

与首都机场一样，大兴机场微信公众号也没有提供英语语言服务，所以公众号对国际旅客的帮助可能不大（见图14）。

图 13　航班信息查找　　　　　图 14　微信公众号

4.大兴机场官方微博

大兴机场官方微博拥有将近 50 万关注量，发布的内容主要是天气以及一些航班新闻信息，没有其他语言服务，主要面向国内旅客（见图15）。

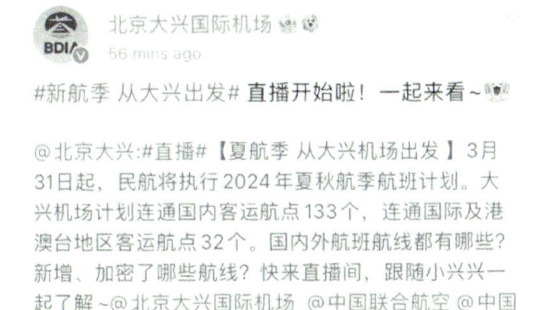

图 15　官方微博

5.大兴机场官方推特账号

大兴机场官方推特账号拥有 4 万个粉丝，主要发布一些中国的节日、北京的旅游景点、机场的位置信息，比如在几楼有什么服务（中国联通、京东便利店）（见图16）。国际旅客在来到北京之前，可以先行观看大兴机场的推特账号，提前了解机场的服务设施和北京的知名景点。

（三）线下语言服务

1. 标语

笔者从乘坐大兴机场线开始一直到大兴机场内部，观察、分析了各处双语指示牌、标语等的翻译。下面列举一些。

图17展示的是在地铁草桥站换乘大兴机场线时的中英文标牌，旅客扫描二维码可以线上办理登机牌，如果有英语语言服务需求，还可以向工作人员寻求帮助。

图16　官方推特账号　　　　图17　中英文标牌

到达机场时，电梯指引牌都用双语明确标注每层楼的功能，包括国内出发、国际出发、停车楼、网约车等。

省际巴士停车分为"long-term"和"short-term"。网约车用了"E-hailing"这个词，符合正宗的表达，且简洁明了（见图18）。

有的标语意思一致，但是翻译不一致。例如，请您看管好随身物品（Keep Your Belongings in Sight）和"请携带好您的随身物品"（Don't Leave Your Belongings Unattended）这两句话的意思是差不多的，但用了两种表达，其区别在于："Keep Your Belongings in Sight"更强调将随身物品放在视线范围内，看好随身物品；而"Don't Leave Your Belongings Unattended"的意思是将行李携带在身上（见图19、图20）。

图 18　交通指引牌

图 19　标识语翻译（1）

图 20　标识语翻译（2）

大兴机场设有如图21所示的大型的双语指示牌，明显清晰，能为旅客提供语言服务。

笔者注意到，大兴机场对"Baggage"和"Luggage"这两个词的使用进行了细致的区分，即随身携带的行李用"Luggage"，进行托运的行李用"Baggage"，用词准确（见图22、图23）。"Baggage"和"Luggage"都指旅

图 21　双语指示牌

行时随身携带的行李物品，但它们在使用上略有区别："Baggage"通常指整个旅行期间携带的所有行李，包括手提行李、托运行李以及可能的其他物品；"Luggage"更倾向于指代个人行李，即旅行时携带的大型行李箱、背包或手提箱。

图 22　标识语翻译（3）

图 23　标识语翻译（4）

2. 广播

经观察，大兴机场的语音广播内容主要包括以下几个方面：

（1）航班信息：广播会宣布航班的登机口、起飞时间、延误情况等信息，以便旅客及时了解航班情况。

（2）安全提示：广播会播放关于安全检查、行李携带规定、禁止品规定等方面的提示，提醒旅客注意安全。

（3）服务信息：广播会介绍机场的各种服务设施，如贵宾厅、商店、餐厅等，帮助旅客更好地利用机场设施。

（4）旅游信息：广播可能会播放与旅游相关的信息，如当地景点介绍、交通指南等，为旅客提供便利。

（5）紧急通知：在紧急情况下，如恶劣天气、突发事件等，广播会播放相关的紧急通知和指示，提醒旅客采取必要的措施。

（6）文化宣传：广播可能会播放当地文化、历史等方面的内容，增加旅客对当地文化的了解。

总的来说，大兴机场的广播内容旨在提供各种信息和服务，让旅客在候机期间得到充分的关注和帮助。与首都机场相比，大兴机场广播的播放频率更高，一般隔几分钟就会播报相关航班信息和航班信息提示，内容也更丰富。

3. 服务人员语言水平

笔者询问了机场安检人员、办理托运工作人员（国际和国内）、售票处工作人员一些有关语言服务的问题。这些问题主要包括：①工作人员目前的语言水平；②能否与外国人进行有效沟通；③近期有没有提升语言能力的计划；④公司在招聘时是否会考虑员工的外语水平；⑤岗前培训的时候会不会进行外语培训。

访谈得到的回答如下：

安检人员："我目前的语言水平是能够与外国人交流的，我没有四六级证书，公司也没有特定的需求。跟外国人沟通是可以的，但只是涉及基本的机场用语，比如问我这个地方如何到达，再深入一点的交流就无法进行。对于近期有没有提升语言能力的计划，我正在计划学习，毕竟要不断地提升自己。公司在招聘的时候会考虑到员工的外语水平，有四六级证书或其他语言证书是加分项，但是也没有硬性要求。岗前培训包含外语培训，比如机场用语、机场位置表达等"。

国内行李托运处工作人员："我目前有四六级证书，但是没有别的证书。能与外国人有效交流，因为我们负责办理托运有时需要跟外国人交流，英语用于日常沟通是可以的。近期我有提升自己语言能力的计划。公司在招聘的时候会考虑到我们的语言水平，比如四六级证书或者雅思证书，有格外的加分项，而且公司更倾向于招聘一些有英语语言证书的员工。但是如果没有的话，其他方面很优秀，也不会有硬性要求，因为在上岗前会进行专门的外语培训，比如一些基本的机场用语。"

国际行李托运处工作人员："我目前有四六级证书，能与外国人进行基本的交流。我们还有一些员工是出国回来的，还有的有雅思证书，所以我们同事的语言水平都是挺高的。我目前正在努力提升自己的语言能力，正在学习，背一些单词，做一些题目之类的，每天都有学习英语的计划。由于工作的特殊性，公司在招聘的时候会考虑到我们的语言水平，基本要求是得有四六级证书，有雅思证书是加分项，从国外回来的有很大的优势。岗前培训包括一些基本的机场用语，涉及如何跟外国人沟通，怎么与外国人展开对话，以及怎么解答他们的问题，等等。"

售票处工作人员："我目前没有四六级证书，但是我能与外国人进行有效的交流沟通。我目前正在努力提升自己的语言水平，准备考个证书。公司在招聘的时候，对我们的证书没有硬性要求，但是你有证书的话肯定是加分项。不过就算没有语言证书，我们在正式上岗也是会进行外语培训的，内容主要是一些简单的用语。例如：'您飞去哪里？''您的航班时间？''你从什么地方出发，到哪里？'"

整体而言，许多工作人员有像四六级这种语言类证书，其中国际航班处工作人员的外语水平会比其他岗位人员的高一些，而且他们应聘的时候也会有证书要求，但是其他工作人员没有硬性要求。工作人员可以就机场相关问题和外国人进行有效沟通，从而帮助外国人解决一些常见问题，同样也是国际航班处工作人员更加专业，还有个别工作人员留过学，有雅思证书。工作人员会有提升语言能力的计划，因为毕竟在工作中会经常使用到外语。同时，公司招聘员工时，有语言类证书会是一个加分项。员工入职前会进行语言培训。

4. 满意度调查

我们询问了几个外国游客，他们对于大兴机场的指示牌语言服务和员工的语言水平都是非常满意的，觉得员工都能满足他们的语言需求。这里列举一个捷克旅客的回答：

"Yes I think it is pretty good. Yes they can help me. For example, I was looking for the China bank a few minutes ago for currency change and I asked a staff for help and she told me where is the China Bank, so they can offer me the basic needs. I haven't been to other airports in China, but I think this one is really good, the Daxing international Airport is very good in their language services compared with other countries' airports I have been to. No, I think they are professional enough to offer help the international travelers. I think they can meet our needs, so they don't need to improve the old language skills, but if they want to improve themselves, they can do it."

四、北京首都国际机场与大兴国际机场语言服务与语言景观对比研究

（一）语言政策

两个机场的语言政策基本相似，均提供中文、英文等主要语言服务，但首都机场的语种更为多样化。首都机场作为中国的主要国际机场，其语言政策覆盖的语种更为广泛，包括中文、英文、日语、韩语等多种语言，以满足来自全球各地的旅客的需求。而大兴机场作为新建机场，在语言覆盖范围上可能较为有限，以中文和英文为主。

（二）线上语言服务

1. 官网

大兴机场提供了中文和英文两种语言服务，而首都国际机场提供了中文、英文、日语、韩语四种语言服务，所以在这一方面首都机场比大兴机场更加国际化。而在其他服务方面，与首都机场相比，大兴机场提供了更多的服务选择，如查看登记路线和扫码关注航班实时动态、在线值机和退改签，乘客只需要点击"boarding routes"就可以定位到当前的位置，然后可以在线选择登记入口进行路线规划。但是首都机场官网只能查询当前的航班状态，不能退改签。两个机场的官网都只能查询昨天、今天和明天 3 天的航班信息，这可能是为了保证航班信息的时效性。

2. App

首都机场 App 虽然提供了在线值机、办理托运等服务，但是没有提供英文服务，所以面向的群体主要是国内旅客，没有给国外旅客提供相关服务。而且内容设置上也不完善，笔者在查询 2024 年 2 月 29 日这一天的航班信息时发现，明天是 2 月 30 日，但是 2024 年的 2 月没有 30 日这一天，所以首都机场 App 还有待完善。与之相比，大兴机场 App 提供了英文服务，能够为国际旅客提供查看地图、在线值机、行李托运、航班换乘等全面的服务。所以，在 App 方面，大兴机场比首都机场更具国际性，能更好地为国际旅客提供相关的服务。

3. 微信公众号

首都机场和大兴机场的微信公众号都没有提供多语服务，只有中文版，

所以更适合国内旅客，对国际旅客的用处不大。微信是人们日常生活中重要的交流软件，微信公众号在传播信息方面发挥着重要作用。笔者认为，首都机场与大兴机场均有必要在其微信公众号上发布更多航班相关信息，并提供多语言服务，以便更好满足国内外旅客的需求。

4. 微博

首都机场和大兴机场的官方微博都仅仅发布了天气相关信息或机场内其他新闻，并没有更多的航班信息。对于想要查询详细信息的旅客而言，机场的官方微博并不能提供太多帮助。

（三）线下语言服务

1. 标识语

在标识语指示牌方面，大兴机场有大型较高的指示牌标语，能够给乘客提供很好的指示作用；首都机场由于建设时间较早，没有较高的路标牌引导性比较弱。相较于大兴机场而言，首都机场增设了中心问询处，可以解决相关旅客的一些常见问题；首都机场的总服务台还设有世界各地的钟表，能够方便旅客及时关注时差，为旅客提供更多便利；首都机场的托运处还专门设置了首次乘机客人服务，能够方便旅客，提升整体服务质量；首都机场还设置了无成人陪伴儿童接待处，这样的设置有利于提升整体的机场服务质量，并且做到了人性化考虑。

2. 广播

与首都机场相比，大兴机场广播的播放频率更高，一般隔几分钟就会播报相关航班信息和航班信息提示，内容也更丰富。

3. 工作人员语言服务

首都机场和大兴机场的工作人员都具有较高的语言水平，都能满足国际旅客的语言需求。大兴机场招聘员工时要求有四六级等语言证书，而首都机场只要求员工具备基础的语言能力。在工作人员的流通度方面，大兴机场有较多的工作人员流动询问旅客是否需要帮助，而首都机场的工作人员并未主动向旅客提供帮助，所以这一方面大兴机场比首都机场更加完善一点。

五、结论与建议

在对首都机场和大兴机场的语言服务和语言景观进行比较研究后，我们可以看到两者在多语种服务和展示中国语言文化方面都做出了一定的努力。然而，大兴机场在这方面表现更为突出。

在语言服务方面，首都机场和大兴机场都提供了多语种服务，以满足不同国家和地区旅客的需求。然而，首都机场语言服务的种类更多。大兴机场提供了更多的语言选项，包括主要的国际语言，为旅客提供了更多的选择。此外，大兴机场在语言服务的效率和准确性方面也优于首都机场，通过提供更多的语言指示牌、广播和信息服务，使得旅客更容易地找到他们需要的信息。

在语言景观方面，首都机场和大兴机场都展示了中国的语言和文化。首都机场在语言景观设计上较为传统，以汉语和英语为主，虽然也有一些展示中国文化的元素，但整体呈现较为普通。相比之下，大兴机场在语言景观的设计和呈现上更具创意和独特性。大兴机场的设计融合了现代设计和中国传统元素，如汉字和中国画，营造出更具中国特色的语言景观，给人留下深刻的印象。

综上所述，大兴机场在语言服务和语言景观方面的表现更加突出。虽然首都机场也在不断改进和优化自身的语言服务和语言景观，但与大兴机场相比仍有差距。随着时间的推移，相信两个机场都将继续改进，为国际旅客提供更加优质的服务。

通过实地调查，笔者对于首都机场和大兴机场的一些问题总结概括出一些建议。首先，针对首都机场，笔者提出如下建议：第一，机场可以增设流动性的志愿服务人员，以及时关注需要服务的旅客，并帮助他们解决相应的问题。第二，机场可以树立较高的路标牌，这样可以更明显地指明方向，方便旅客寻找业务办理地点。第三，机场可以增设银行地点的指示牌，便于外国旅客到达机场后快速找到银行，从而换取货币。第四，丰富机场微信公众号以及微博的内容，并且增设多语种模式，从而方便国外旅客进行查阅或浏览。

其次，针对大兴机场，笔者提出的主要建议包括以下几点：第一，机场虽设置有流动性工作人员，但是部分工作人员主动服务的意识不强，可以让大家主动问询外国旅客是否需要提供帮助。第二，机场同样应设置银行路标，以方便外国旅客到达机场后快速找到银行换取货币。第三，机场官方网站以及微信公众号和微博等平台应提供多语言模式，从而方便国外旅客查阅或浏览信息。

通过对首都机场以及大兴机场的实际调查，笔者对于全国机场的普遍建议包括以下几点：第一，提供更好的旅客服务。包括增加更多的休息区域，提供更多的饮食选择，改善行李托运和提取流程等，以提升旅客的出行体验。第二，改善导向标识。确保机场内的导向标识清晰明了，方便旅客快速找到登机口、休息室、洗手间、银行等重要位置。第三，建立良好的沟通机制。机场与航空公司、地面服务提供商等相关方面应保持良好的沟通，及时解决问题和协调工作。第四，加强员工培训。应提高工作人员的语言服务水平和专业素养，让旅客感受到热情和专业的服务。第五，征求旅客意见。定期收集旅客的反馈和建议，积极采纳并改进，以更好地满足旅客的需求。

场所符号学视阈下丰台区三所火车站的语言景观研究

崔源芮　栾　婷

（首都经济贸易大学外国语学院，北京，100070）

摘　要：作为社会语言学的研究热点，语言景观越来越受到学术界关注，其理论发展和实际应用前景很大。火车站等大型交通枢纽在各个国家和地区都是非常重要的公共场所，起到了推动城市经济发展、促进文化交流等重大作用，对火车站的语言景观开展研究有着巨大的经济价值与文化意义。因此，本研究以北京市丰台区三所火车站为实际研究对象，从场所符号学的基础出发，通过实地考察收集语料，进而分析其语言景观情况。本研究关注的语言景观问题包括标识牌材质、语码选择、多语情况、语码正误、置放位置、破损情况等。

研究发现，丰台火车站的标识牌大多采用坚固的铝合金和不锈钢材料，不同类型的标识牌颜色统一、功能明确；在收集到的语料中，近60%的标识牌为双语标识牌，近20%的标识牌为纯中文标识牌，其余标识牌或部分为双语标识牌，或无文字注释；部分标识牌字体不统一。

对三所火车站语言景观开展研究分析有助于提高火车站的语言服务水平与语言服务质量，助力北京建设一流国际交往中心城市。

关键词：语言景观；火车站；大型交通枢纽；语码

一、引言

语言景观作为社会语言学中新兴的研究领域，其研究历史并不长，但近些年来相关论文已经发表了上百篇，著作已经出版了几十部。

图1展示了1992年至2022年国内外语言景观研究的文献数量。自1992年

至2004年，语言景观研究处于萌芽阶段，国内外的文献数量均呈现缓慢增长的态势；2004年至2012年，国外语言景观研究文献数量较10年前增多；2012年至今，国外语言景观研究处于快速发展阶段。而国内语言景观研究自2002年至2013年处于起步阶段，文献数量较少；2014年起，国内语言景观研究成果数量猛增，发展速度快。

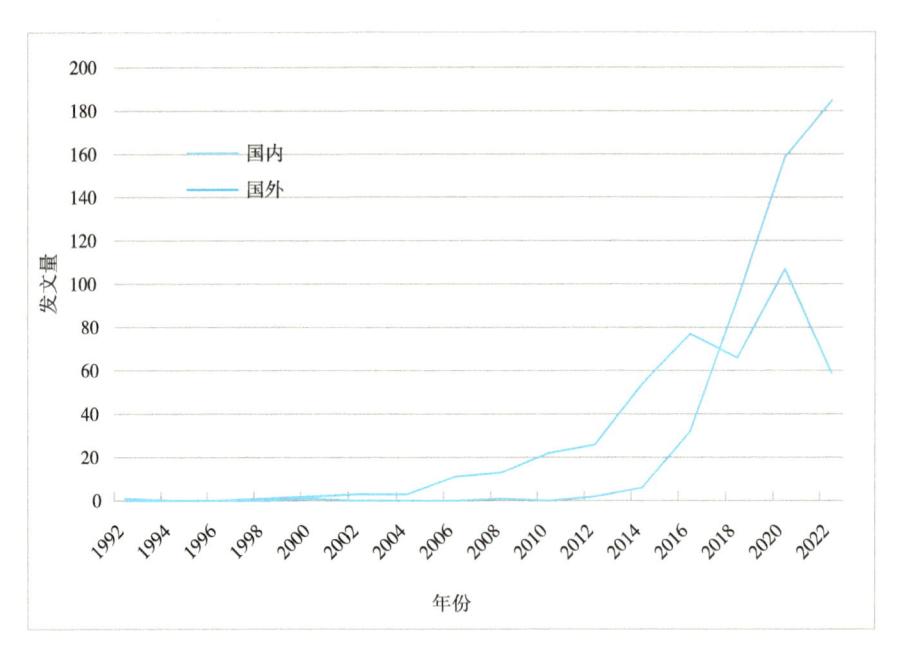

图1 中外语言景观研究数量

早在1997年，Landry和Bourhis在学术论文《语言景观与族群语言活力》中提出了语言景观的定义：公共路牌、广告牌、街道名称、地名、商业商店标志和政府建筑上的公共标志的语言结合在一起，形成了特定地区或者城市聚集区的语言景观。国外语言学家利用语言景观来研究现实生活中的各个方面，例如Backhaus的《东京的多语言主义——基于语言景观的研究》(2006)、《语言景观：东京城市多语言学的比较研究》(2007)研究了社会中的多语现象；Gorter（2008）的《语言景观作为第二语言习得的额外输入来源》、Collins和Slembrouck（2004）的《阅读全球化社区的商店橱窗：多语言读写实践和固定性》等研究了教学中的读写能力和语言意识；Ivkovic和Lotherington（2009）的《网络空间中的多语言主义：虚拟语言景观的概念化》、Troyer

（2012）的《英语在泰国的网络语言景观》等研究了网络虚拟世界中的语言现象。

国内对语言景观的实证研究主要集中于道路等公共区域的语言景观研究。例如：蔡继福（1988）在《谈上海市区的路名门牌》一文中实地勘探了上海市区内的路名和门牌，对它们的历史以及现状分别进行了分析。蔡继福对公共区域的路名、门牌等的研究为国内社会语言学领域的研究提供了新视角。李贻（2011）在《语言景观研究法：对广州北京路的历时性调查》一文中运用语言景观研究法，揭示了一些具有中国特色的独特的语言景观特征。王振庆（2013）在《从最佳关联原则出发议作为语言景观的公示语的汉英翻译》一文中从最佳关联原则出发，对语言景观的汉英翻译提出了一些翻译原则和建议。此外，也有不少学者从不同省市分别进行了语言景观的研究，如邱莹（2016）的《上饶市语言景观调查研究》、李丽生和夏娜（2017）的《少数民族地区城市语言景观中的语言使用状况——以丽江市古城区为例》、杨立琴（2018）的《保定市街道标牌的社会语言学分析——基于语言景观学的视角》等等。

尽管国内外学者针对语言景观问题的研究涉及了很多方面，但对大型交通枢纽的语言景观研究相对较少。对大型交通枢纽的语言景观进行深入研究，能够从公共场所方面再次丰富对语言景观领域的研究，实现国际间更好的交流，具有重要的理论意义和应用价值。因此，本研究以北京市丰台区三所火车站为实际研究对象，通过实地考察收集语料，进而分析其语言景观情况，以期提高三所火车站的语言服务水平，助力北京建设一流国际交往中心城市。

二、研究设计

（一）研究对象

北京丰台站、北京西站与北京南站位于北京市丰台区，是由中国铁路北京局集团有限公司管辖的铁路特等站。北京西站作为"八五"计划的重点工程，于1996年1月21日开通运营，曾是亚洲规模最大的现代化铁道客运站之一。截至2015年3月，北京西站占地51万平方米，总建筑面积约为70万平方米，其中站房约占50万平方米，站内设置10座站台，共18个站台面，20条股道。北京西站现有13个候车室，可容纳2.5万人同时候车，十年间累计发送旅客超过1.7亿人次。北京南站始建于1897年，时称马家堡站，并于2006年5月10日封站改造。2008年，随着京津城际铁路开通，北京南站正式重新启用。北京南站的候车大厅，从南到北依次为京津城际、京沪高铁、普铁三大区域，整个大厅可容纳万余名旅客同时候车。2023年春运期间，北京南站共计发送旅客361.3万人次，同比2022年增幅达172.3%。老丰台站始建于1895年，是北京城的第一座火车站，也是中国铁路百年发展史的重要见证者和参与者。2010年，丰台站停止客运业务。2018年，启动改扩建工程。2022年6月20日，新丰台站正式开通运营，包括地上四层、地下三层，站房建筑面积约40万平方米，每小时最高可容纳14 000人候车，成为亚洲最大的铁路枢纽客站。丰台站的开通运营，也意味着北京迎来拥有七座全国铁路客运枢纽和两座国际机场的"七站两场"交通发展新格局[①]。

本研究选取该三所火车站作为研究对象，原因如下：第一，火车站作为大型交通枢纽，在各个国家和地区都是非常重要的公共场所，起到了推动城市经济发展、促进文化交流等重大作用，对火车站的语言景观开展研究有着巨大的经济价值和文化意义。第二，丰台三所火车站的语言景观符合北京市城市规划、北京市建设一流国际交往中心、国家语言文字法等政策法规的要求，为优化北京交通运输结构，完善北京综合交通体系，保障雄安新区建设提供了强有力的支撑。因此，对丰台区火车站的语言景观进行研究，可以更加明确语言景观在火车站等大型交通枢纽的具体作用。

（二）研究内容

场所符号学理论作为地理符号学下的一个子系统，是一套用以分析现实环境中语言符号系统的框架，其中包括语码取向、字刻、置放等要素。语码取向指双语或多语标牌上语言间的优先关系。语言的排序方式反映的是它们在语言社区内的优先关系。字刻指标牌语言的呈现方式，包括字体、材质、状态变化等，这些均代表不同的意义。置放是场所符号学所关注的最根本的问题，通过置放能够将标牌与所具体环境连接起来，并且针对其在具体物质环境中激活的意义进行考察和研究。本研究基于场所符号学理论研究框架，通过收集语料，重点分析现有的语言景观给丰台区火车站带来的效果，明确

---

① 数据来源：北京市重点站区管理委员会官网。

语言景观对于大型交通枢纽的具体作用。

（三）研究方法

本研究运用定性分析与定量分析相结合的方法对语言景观进行研究，即在实践调研的基础上，着重比较分析实际采集的数据，得出结论。我们先行购票前往北京丰台站进行初步的语言景观调查。第一次实地调查主要观察景区内语言景观，并对拍摄的部分具有代表性的语言景观进行分析、归纳与总结，以明确研究方向和重点。在对火车站的语言景观有了初步了解之后，再购买另外两座火车站的车票进行实地研究调查。第二次实地调查对火车站内语言景观的使用和分布情况进行全面记录，我们拍摄了大多数标识牌，共获得206张语言景观样本①。在拍摄标识牌时，我们仅关注与火车出行密切相关的语言景观，不考虑车站已有的商业语言景观。在实地调查之后，我们对图片进行归类、数据统计、语言检查并记录结果。最终，我们确定了研究内容，主要包括标识牌的多模态情况、置放位置、语码呈现情况、语码正误、多语情况等。

三、研究结果

（一）标识牌的多模态情况

1. 标识牌的材质

材质指的是字刻的物质载体。材质可产生的意义包括永久性或持续性、暂时性或新近性、质量优劣等。这些意义可以通过字刻的媒介（刷子、雕刻）、标识牌本身的材料（金属、木料、塑料、帆布、纸张）、安装的新旧程度等表征出来。标识牌的材质取决于多个因素，包括使用的地点、目的以及可能的环境条件。常见的标识牌材质包括金属、木质、塑胶、其他合成材料等。

本研究采用实地考察拍照收集语料的方式，收集到共计206个标识牌。根据标识牌的制作材料进行分类，我们发现，丰台区火车站最常用的标识牌为铝制及不锈钢材质，占56%；其次是塑料材质（21%）和张贴在建筑结构上的PVC材料（20%）；其他标识牌，如临时粘贴的纸张、布制警示桩等使用

---

① 我们将一个标识牌记为一个样本单位。标识牌包括站内相关的电子屏幕、指示路牌、自动售票机等标识，不包括车站内部各类商铺等商业语言景观的标识牌。

最少，仅占3%（见图2）。

其中，铝制及不锈钢材质的标识牌大多被制作成引导指示牌，主要出现在火车站的售票厅以及候车大厅，起到导向作用，为旅客寻找方向提供指引（见图3）。塑料材质的标识牌一般出现在安检区、进站口区域，同样起到导向作用，引导旅客按照要求进行安检，帮助旅客快速寻找所乘坐车次对应的站台；还有部分塑料材质的语言景观为警示标牌，摆放在卫生间、饮水区等区域，起到警示作用（见图4）。PVC材料制成的标识牌可见于火车站内地面、支撑柱、墙壁等处，不同位置使用该类标识牌有不同用处（见图5）。张贴的纸张以及布制警示桩主要出现在设备维修区域及临时施工区域附近，起到临时警示的作用（见图6）。

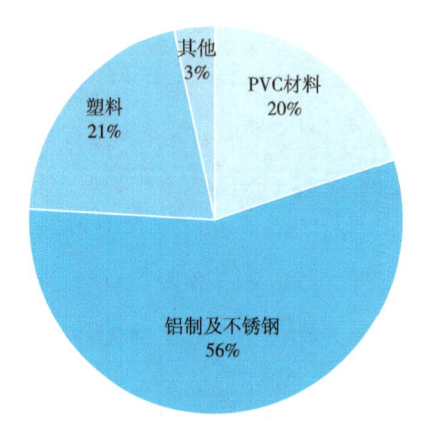

图2 标识牌制作材料的占比

图3 铝制及不锈钢材质的标识牌

图 4　塑料材质的标识牌

图 5　PVC 材质的标识牌

图 6　其他材质的标识牌

2. 标识牌的类型

在火车站等大型交通枢纽处一般分布着两种类型的标识牌：普通标识牌和电子标识牌。普通标识牌作为交通枢纽中极为常见的标识牌类型，在丰台区火车站也占据主导地位，有近70%的标识牌为普通标识牌，剩下的30%为电子标识牌。按照不同的标准，可以对普通标识牌进行分类。例如，按照颜色进行分类，有蓝色标识牌、白色标识牌、绿色标识牌、黄色标识牌等类型。蓝色标识牌通常分布在火车站进出站口、候车大厅、检票口等位置，起到综合引导的作用，帮助乘客快速找到目的地；白色标识牌用于帮助旅客找到检票口、行李寄存处、服务台等，与蓝色标识牌区别不大，都可以让旅客通过标识牌快速定位方向（见图7）；绿色标识牌常见于列车到站、候车厅等出口处，引导旅客按照标识牌出站，寻找其他交通工具前往目的地；黄色标识牌为警示标识牌，通常出现在站台、电梯口、卫生间、饮水处等地，使用醒目的颜色提醒旅客注意安全（见图8）。

图 7　蓝色和白色标识牌

图 8　绿色和黄色标识牌

（二）标识牌的置放位置

置放研究的是标识牌放置在某一地点所带来的意义，共有三种形式：去语境化放置、越轨式放置以及场景化放置。标识牌的置放位置明确，在大型交通枢纽中可以起到正确引导旅客的作用。根据实地调查的结果，丰台区火车站大部分位置的标识牌布局十分合理，标识醒目，清晰可见，箭头指示清晰易懂。丰台区火车站的标识牌按照置放位置大致分为悬挂类指示牌和立式指示牌。其中，悬挂类指示牌常见于候车厅以及站台处，多为引导指示牌，提示旅客进站口以及所乘坐车次对应的站台位于何处（见图9）。

图 9　悬挂类指示牌

火车站内大多数指示牌为立式指示牌，分为可移动和不可移动两种。可移动的立式指示牌多为临时性指示牌，临时摆放于出现故障或是正在施工的区域附近，起到提醒旅客绕行的作用（见图10）；不可移动的立式指示牌多为综合引导类型的指示牌（见图11）。

图 10　可移动的立式指示牌

图 11　不可移动的立式指示牌

（三）标识牌的语码取向

1. 语码选择

语码选择指的是单语、双语或多语标识牌上各种语言之间的优先关系，以此反映它们在语言社区内的社会地位。当语言标识牌上出现多种语码的时候，其先后顺序便显得极为重要。语码的选择可能基于政治要求、语用便利、当前时尚等因素，而其中真正导致语码优先选择的因素，则需要仔细分析其历史及民族学。

丰台区火车站标识牌上所使用的语言分为中文和中英双语两类。在对收集到的语料进行整理后，发现丰台区火车站的中英双语标识牌数量最多，占总数的59.2%，这表明中英双语的语言景观在丰台区火车站占据主导地位。有16.9%的标识牌为纯中文标识牌，多为某些进站口处或大屏上的火车班次信息、地面引导标识、临时性的提醒等。除此之外，有23.8%的标识牌出现了部分双语的情况，即标识牌上的中文并没有全部翻译成英文。这些未经翻译的中文内容包括候车大厅内某些车次信息、位于进站口的一些提示信息、位于特殊候车室门口的提示信息、火车站出口处的提示标识等，多为警示类信息（见图12）。

图12　标识牌上的标识为部分双语的问题

同时，我们在丰台区火车站的电子售票机以及行程查询终端上发现，这些电子设备屏幕上的按键和语音播报并没有进行英文翻译，仅使用了中文，且打印出来的凭条上也没有对一些重点信息进行翻译（见图13）。这些电子终端仅使用中文会给外国旅客带来一定的困扰。

部分张贴于火车站内部建筑上的标识牌也有此类问题出现。如图14所示，该标识牌仅使用中文对旅客进行提醒，并没有进行英译，未考虑到外国旅客能否正确理解标识牌上的内容，可能会给外国旅客的出行造成不便。

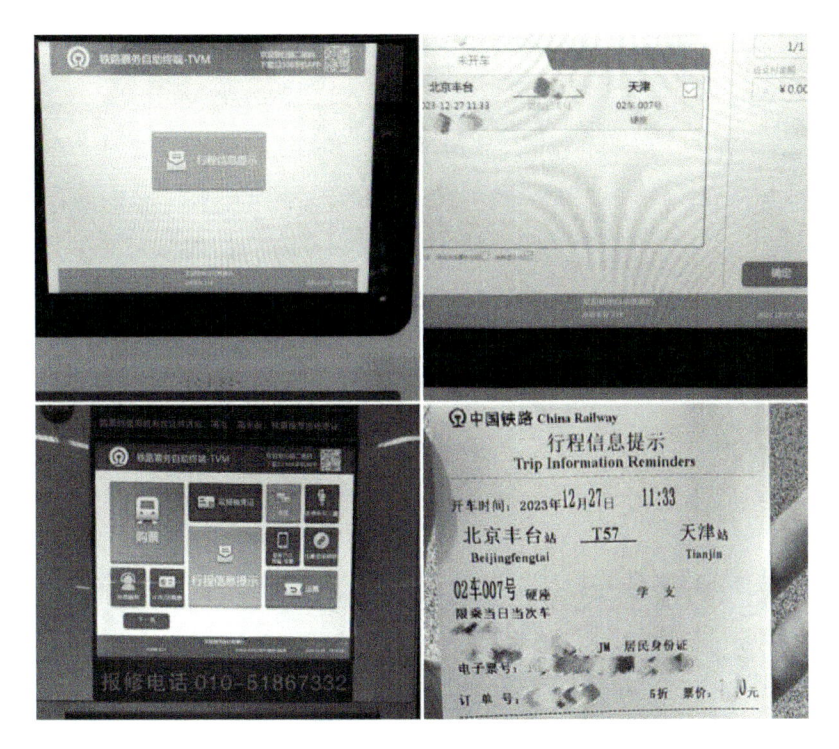

图 13　电子终端和凭条上部分重点信息没有进行翻译

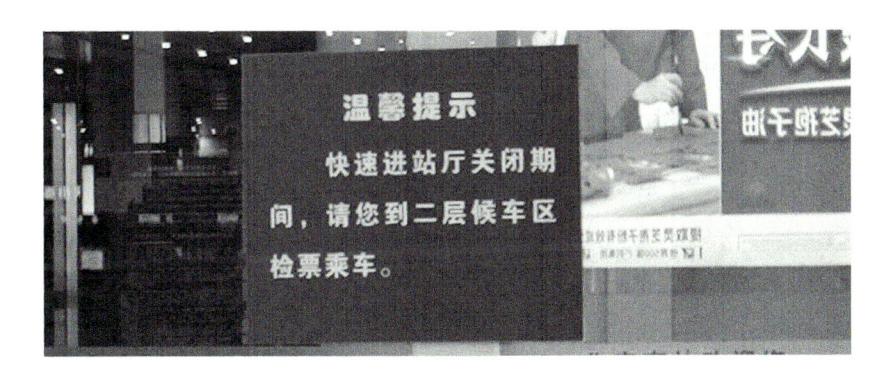

图 14　部分提示性标识牌也出现了单语问题

2. 语码布局

在标识牌上，语码的布局方式体现了不同语言的社会地位和重要性。当标识牌上的文字呈现横向排列状时，优先语码应位于标识牌的上方或者顶部，而非优先语码则位于标识牌的下方或底部。丰台区火车站的标识牌上，文字均为横向排列，中文位于英文的上方，且字体明显比英文字体更大更粗。由此可见，在丰台区火车站的语言景观语码布局中，中文为优先语码，其次为英文，中文处于十分重要的位置。

在标识牌上，语码的位置布局也是我们需要关注的重点之一。在对丰台区三座火车站的考察过程中，我们在出站口均发现了这样一个问题：出站口处张贴在左右两侧的警示性标识牌均为绿色的引导出站的标识牌在上，提示注意安全的黄色警示标识牌在下，且绿色标识牌在整块标识牌中占比近四分之三。黄色标识牌上的语码字体极小，英文作为非优先语码，更是难以辨认，并没有起到很好的警示作用。且有少数单向出口甚至没有使用黄色的警示性标识牌，仅对"出口"两字进行了英译，并没有用英文强调注意安全，存在着一定的安全隐患（见图15）。

图15 出口处的标识牌提示布局不够合理

3.语码呈现情况

标识牌语言的呈现方式和情况包括字体、材料、附加成分、状态变化等，这些被称为字刻。

字体指文字的书写方式，从手写到书法再到印刷体、专业字体等，同时还包括字体大小、形状、颜色等，都会产生不同的意义。通过拍照收集得到的语料可知，根据丰台区火车站标识牌的底色不同，其字体呈现不同形态。大多数标识牌上的中文和英文均为白色等线字体；以白色为底色的标识牌上，中文和英文为黑色等线字体。但同时我们发现，有个别标识牌上的英文字体为Calibri Light字体，有部分标识牌上同时出现了等线和Calibri Light两种字体，没有实现所有标识牌的字体统一，看上去不够美观（见图16）。

图 16　部分标识牌的字体不统一

标识牌上语言的排版方式由标识牌上的标识位置决定。当标识位于箭头左侧时，标识牌上的语言为右对齐；当标识位于箭头右侧时，标识牌上的语言为左对齐（见图17）。这样的排版方式显得十分干净利落，清晰明了。

图 17　标识牌上文字的排版方式整齐

累加（layering）指的是一种字刻作为添加成分附在另一（通常是永久性的）字刻上面，附加物表征的意义是新近性、临时性等。在实地考察取证的过程中，我们就发现了极少数的标识牌可能由于原先制作有误，或者因布局更改，以打补丁的形式在原标识牌上进行更改。从图18中可以明显看出，更改后的字体与更改前的字体不统一，呈现方式不够美观。

图18　部分标识牌出现了"累加"现象

四、结果分析

本研究通过前往丰台区火车站进行实地考察、拍摄语料样本并对样本进行分类整理，对丰台区火车站的语言景观进行了研究。

结果显示，在标识牌的材质方面，丰台区火车站内大部分标识牌的外观与材质均为统一设计，一眼看去十分整齐美观。由于火车站的标识牌使用周期长，因此铝制以及不锈钢材质的标识牌十分常见。需要张贴标识牌的区域则使用PVC材料而非普通纸张等，同样保证了标识牌可以长期使用。部分临时摆放的标识牌为纸质、布制警示桩，使用和回收较为便捷。站内大多数标识牌也按照其应有的引导作用进行颜色分类，清晰明了，起到很好的疏通引导作用。此外，饮水间、卫生间、扶梯等地张贴或摆放了醒目的提醒标志。

在语码取向方面，丰台区火车站内的语言景观呈现中文单语和中英双语两种语码现象，以中英双语为主（59.2%），还有极少量的标识牌上仅有图标，不带有文字提示。但在调查过程中，也有部分标识牌出现了部分双语的问题（23.8%）。这些未经翻译的中文内容包括候车大厅、进站口等地的提示信息，以及部分候车牌的车次信息。还有部分张贴在墙面等处的提示性标识牌并未进行英译，未考虑到外国旅客能否正确理解标识牌上的内容。某些提示性语言的翻译工作十分重要，可能会影响到外国旅客能否顺利出行，因此建议将提示性语言翻译充分，减少潜在的不必要问题。

标识牌上的中文位于英语上方，且字体字号相对英语更加明显，反映出中文在丰台区火车站为优先语码，其次是英语。这表明英语是外国人在北京旅游交往中主要使用的语言，北京作为国际化都市，承认英语的使用率，将英语作为最主要的外语语种。但有部分区域，尤其是出站口，张贴在左右两侧的警示性标识牌字体过小，难以辨认，并未起到很好的警示作用。警示性标识牌的出现是为了提醒旅客注意安全，不合理的布局无法正常起到提醒的作用。因此建议适当扩大警示性标识牌在出站口的整体占比，发挥其应有的作用。在标识牌内容翻译方面，严格遵循《公共服务领域英文译写规范》，翻译内容一目了然，不会给外国旅客造成使用困惑。但部分标识牌上的英文字体有明显的不一致，还有极少数的标识牌进行了"累加"，导致字体不统一，使标识牌显得不够整齐美观，建议更换成同一种字体。

五、结论

自 1997 年以来，语言景观研究受到多个学科的高度重视，特别是在众多语言学研究者的努力下，逐渐发展成为社会语言学的一个重要领域。语言景观作为一种特殊类型的语言实践，体现了管理机构、读者、标识制作者和所有者之间多重互动的话语过程。当局一般希望通过自上而下的语言标识传达国家的官方语言政策和意识形态，而公众则通过自下而上的语言标识为自己谋求实际利益或身份认同。它是公共空间不可或缺的元素，可以直观地反映许多社会语言现象，是研究社会现实的重要手段。

语言景观也是城市的一张名片，城市的发展离不开这张重要的名片。通过对丰台区语言景观的研究发现，丰台区三所火车站的标识牌大多采用坚固的铝制和不锈钢作为其材质，也有其他材质的标识牌放置在特定位置；标识牌按照功能导向进行颜色分类，不同的颜色代表不同的用途，功能明确；在收集到的语料中，近六成的标识为中英双语标识，近两成为纯中文标识，其余为部分中英双语标识牌或无文字注释的标识牌；从标识牌上的字体排布可以看出，中文为首选语码；有部分标识牌存在字体不统一的情况。可以看出，丰台区三所火车站语言景观的现状已经非常不错，但仍有一些细节需要调整和完善。丰台区三所火车站吞吐量大，涉及人员多，是首都北京重要的交通枢纽。作为人流密集的公共场所，丰台三所火车站语言景观的管理更加规范，可以更好地向世界展示我国的实力。此外，研究车站和其他主要交通枢纽的语言景观有助于提高车站语言服务的水平和质量，明确语言景观在车站和其他主要交通枢纽中的具体作用。因此，从理论和实践的角度来看，研究和改善车站和其他主要交通枢纽的语言景观都是非常重要的。

寺院庙宇语言景观研究
——以雍和宫为例

刘 冉 李 博

(首都经济贸易大学外国语学院,北京,100070)

摘 要：本文以特兰佩－赫奈特（Trumper-Hecht）三维分析模型为理论依据，以北京市内寺庙雍和宫为研究对象，分析雍和宫的语言文字使用特征。研究发现，在实体维度，雍和宫共有多语标牌48个，双语标牌18个，单语标牌19个。在政治维度，国家及地方政策、游客的来源、人数和消费水平以及语言景观背后的文化含义，都对雍和宫语言景观产生了一定的影响。在体验维度，线上网站缺少多语页面，线下部分语言景观双语翻译未对应。本研究致力于完善雍和宫语言景观，进一步促进文化可持续性建设，增强文化自信。

关键词：雍和宫；语言景观；实体维度；政治维度；体验维度

一、引言

旅游景区一直是语言景观研究的重要领域。旅游景区的语言景观不但能够为游客提供丰富的信息，而且能够折射出景区背后的语言地位。旅游景区因其受众面广，不论是虚拟语言景观还是实体语言景观，都值得被关注。北京雍和宫是北京文物保护单位之一，北京地区现存最大的一座藏传佛教寺院，也是北京香火最旺的寺院之一。很多人来雍和宫祈福，在节假日和活动出展时，雍和宫经常一票难求，越来越成为年轻人的新晋旅游景点之一。中国国际电视台（CGTN）《全球财经》栏目2023年5月4日在其官方微博平台发布过一个采访视频，报道过早上8点雍和宫的排队流量，能让北京的年轻人早早去排队的居然是雍和宫的3个法物流通处，可见其文创产品琉璃手串在年轻人中流行火爆。同时雍和宫的外观与紫禁城一样规格，融合了汉、满、蒙等不同民族的建筑风格，成为清政府掌管全国藏传佛教事务的中心。除此之外，根据新浪微博"北京寺庙道观人气榜"排名，雍和宫在近7日内一直位列前三[①]，可见到雍和宫烧香祈福成为很多民众的心愿，目前每逢初一和十五到雍和宫礼佛烧香已成很多人的习俗。因此，本研究选取雍和宫作为北京城区内寺院庙宇语言景观的调研对象，不但是因为它自身独特的建筑风格和佛教传统，更是因为它一直居高不下的人气流量。

本研究以雍和宫呈现的语言景观为调研对象，具有一定的理论意义和实践意义。首先，该研究对拓宽北京市语言景观的景区类型有一定意义，丰富了调研领域。现在对于北京市内建筑群和园林等5A景点研究颇多，对于寺庙这类传统文化研究较少，但庙宇类景观在北京城区所占比重较大，因此研究庙宇这类文化的语言景观能够拓宽语言景观研究的范围。其次，对雍和宫现存的线上虚拟和线下实际语言景观的调研可以有效了解目前该景区语言景观现状。随着雍和宫游客量的暴增，对景区内各类标识牌的修改建议有利于该景区为国内外游客和信众提供更完善的服务。同时雍和宫内中国传统文化和佛教含义深厚，因此对文化类标识牌的改造一定程度上有利于文化对外传播。

因此，本文基于特兰佩-赫奈特（Trumperw-Hecht）三维分析模型对雍和宫线上网站及线下景观进行研究，主要提出以下三个问题：

（1）在实体维度上，雍和宫各种语言景观呈现出什么样的特征，有何特点？

（2）在政治维度上，该地语言景观是否符合北京市条例要求？呈现出何种特点？不足之处该如何改进？

（3）在体验维度上，游客对于该地语言景观的设计、翻译精确度及人文关怀等方面有什么样的评价和阅读认知？

二、研究方法与设计

本研究以特兰佩-赫奈特三维分析模型为分析框架。特兰佩-赫奈特（2010）提出的语言景观三大空间的理论框架指构想、物理和生活空间为语言

---

① 该榜单反映的是近7个自然日的数据，主要通过近期签到量、地点页面浏览量反映该地点热度。

景观的三大空间，总结为体验维度、实体维度和政治维度①。目前国内外运用该模型主要研究城市社会景观和旅游景观，对寺院庙宇类景区的语言景观研究尚不完善。本研究将之运用于北京市雍和宫景区的实体和虚拟语言景观的实践调研，从实体维度、政治维度和体验维度分别归纳相关的语言景观凸显的特征及不足之处，同时对雍和宫的语言景观英译进行探究。其中在政治维度上对语言景观的分析以北京市地方标准《公共场所中文标识英文译写规范通则》（2021版）、《公共场所中文标识英文译写规范 第2部分文化旅游》（2021版）及《北京市应当设置、使用外语标识的公共场所目录和信息种类》（2022版）三个条例为标准，对该地的语言景观进行评价。依据北京市政府条例的规定，分析雍和宫语言景观是否符合要求，并对语言景观英译中出现的问题和有待完善之处提出相关的建议。

（一）线上虚拟语言景观

由于虚拟空间属于公共空间，物理空间语言景观研究的相关理论同样适用于虚拟空间语言景观的研究②。由于雍和宫在全网只有微信公众号和官方网站这两个官方平台，因此本次针对雍和宫线上语言景观的调研只限于选取这两个平台的语言界面和界面中的语言标牌为主要研究对象，共截图20张。在分析语料时，采用了量化和质性分析相结合的研究方法。在量化角度上，将可定义尺寸框体里的文字看作一个分析单位，以截图的方式收集语料，从不同类型的标牌数目及其比例来观察不同类型的语言景观在公共空间的分布情况。在质性角度上，结合语言景观相关理论和调研结果，对所搜集的语料进行质性分析，探究雍和宫微信公众号和官方网站语言景观建设现状和不足。

雍和宫官方微信公众号创建于2021年，名为"雍和宫游客信众服务"，公众号简介为"雍和宫官方购票系统，提供雍和宫门票预订服务"（见图1），这也是雍和宫购票的唯一官方来源。其中服务共分为三个方面：购票选择、订单管理及官方网站（见图2）。购票选择共分为个人和旅行社两种方式，购票

---

① Trumper-Hecht, N. Linguistic landscape in mixed cities in Israel from the perspective of 'walkers': The case of Arabic [A]. In Shohamy, Elana, Eliezer Ben-Rafael and Monica Barni(eds.) Linguistic Landscape in the City. Bristol: Multilingual Matters，2010：235-251.

② 邹慧琦.数字化背景下博物馆虚拟语言景观研究：以故宫博物院网站为例［J］.大众文艺，2023（14）：105-107.

须知、开放时间及票价、向游客清晰地展示了票务管理。订单管理同样分为个人管理和旅行社管理两种，并且能从微信公众号直接跳转到官方网站，两种线上平台进行互联互通，更全面地向游客展示雍和宫。对雍和宫微信公众号的语言景观的研究包括语言语种、线上服务、公众号推文三个方面。

图 1　雍和宫微信公众号

图 2　雍和宫微信公众号内服务页面

雍和宫官方网站（https://www.yonghegong.cn/）共分为首页、雍和概览、雍和时讯、雍和佛事、雍和文化、雍和博物、政策法规、开放服务 8 个部分（见图 3）。针对雍和宫官方网站语言景观的研究集中在语言语种、网站更新程度、字体字号颜色、英译概况等方面。

图 3　雍和宫官方网站首页

（二）线下实体景观

2024 年 2 月底，调研小组来到雍和宫进行田野调查。由于雍和宫佛像较多，许多大殿内禁止拍照，因此，调研组使用手机拍摄雍和宫允许范围内的标牌。同时站在游客角度，体验从地铁出口处到雍和宫入口处，和从雍和宫出口处到地铁入口处的语言景观，因此这一游览过程中涉及的标牌也在拍摄范围内。

实地调查结束后,调研组对收集到的数据进行分类、整理。据统计,共收集到 8 类标牌,有效样本 85 个,包括景点讲解、佛殿牌匾、出口指示、卫生垃圾提示、雍和宫概览图、警示标语、景区服务、消防器械(见表 1)。同时,对目前的进度和遇到的问题进行讨论、探究。站在实体维度、政治维度、体验维度,讨论雍和宫语言景观存在的问题,并提供解决方法,完善雍和宫的语言景观。

表 1 标牌类别及样式

类别	样式	类别	样式
景点讲解		佛殿牌匾	
出口指示		雍和宫概览图	
卫生垃圾提示		警示标语	
景区服务		消防器械	

三、分析与讨论

（一）实体维度问题

实体维度是从语言景观的材质、字刻、置放等角度进行分析。材质指字刻的物质载体，如塑料、纸张、大理石、木质牌匾、金属牌匾等，可产生永久性或持续性、暂时性等意义。字刻指有关标牌语言呈现方式的意义系统，包括字体、附加成分等。字体指文字的书写方式，如手写、书法、印刷体、字体大小、形状、颜色等。置放指标牌放置在不同地点所激活的意义，即如果标牌不受语境影响，其语言文字出现在任何场景都保持同样的形式；如果标牌场景化放置，即标牌在适当的场景中发挥其该有的功能；如果标牌越轨式放置，即标牌放在了错误的位置，出现在不该出现的地方。

从颜色来看，雍和宫标牌主要呈现黑色、红色、黄色、蓝色等，具有中国传统建筑的特色。这些颜色的运用让游客以最快的方式融入雍和宫的氛围，体验穿越百年的雍和宫文化。从语种来看，雍和宫的景点讲解标牌用到了汉语、英文、满文和藏文，佛殿牌匾用到了满文、汉字、藏文和蒙古文，方便游客了解雍和宫的文化知识。雍和宫的标牌主要存在两个问题。

首先，雍和宫的景点讲解标牌材质反光。要想了解一个景点的文化，景点讲解尤为重要。景点讲解标牌的主要作用是通过文字向游客传达景区的文化信息，让游客身临其境，感受到每座佛像的历史底蕴。可以说，景点讲解标牌是雍和宫或其他景点语言景观中最核心的部分。景点讲解标牌存在反光问题，虽然不影响游客完整阅读，但在观看的过程中会引起不适，甚至有些游客会因为反光而不想完整阅读（见图4）。部分标牌上还有生锈的痕迹（见图5），虽说无伤大雅，但也的确略显脏旧。如果使用不反光、防水、耐腐蚀、赏心悦目的标牌，无疑可以给游客带来更好的体验，为雍和宫文化传播做出更多贡献。

图 4　景点讲解标牌材质反光

图 5　景点讲解标牌材质生锈

其次，卫生垃圾提示标牌和消防器械标牌字体出现掉落现象。由于卫生垃圾提示和消防器械上的标语都是粘贴上去而不是雕刻上去的，所以难免会出现因雨水冲洗、阳光暴晒而粘贴不牢固的现象。这无疑会损害景区的口碑，影响景区甚至城市的旅游形象。

（二）政治维度问题

特兰佩-赫奈特所提出的政治维度是指调查规划者和决策者的态度和观点对语言景观构建的影响。在政府部门指导下，我国语言景观设计与实施措施的陆续出台都会影响语言景观的设计①。本研究主要考察意识形态语言、政治性语言、宣传语言等在语言景观中的分布情况。同时，雍和宫作为北京市4A级景区之一，需要符合由北京市人民政府外事办公室发行的《北京市应当设置、使用外语标识的公共场所目录和信息种类》（2022版）条例并满足其中对于必须设置的语言标识牌的要求。

根据《北京市应当设置、使用外语标识的公共场所目录和信息种类》（2022版）的要求，北京市文化、旅游、体育等其他重要公共场所，包括5A、4A级景区，应当标示外语的信息种类有警示警告、指示指令、限令禁止三类，如图6所示。

根据已收集的语言景观语料，雍和宫警示警告类标识牌包括天气类、安全类和环保类等（见图7），其中前两种均为双语标识，而其余以小诗的形式警告游客，警示不完全直接明显，相较于简短清晰的警示语不足以引起注意；而且从语言上看，它以单语形式呈现，在防火防爆、防止踩踏等警示标语中没有使用外语标识，故不完全符合上述条例要求。

---

① 白丽梅.语言景观研究的理论视角[N].中国社会科学报，2018-11-23.

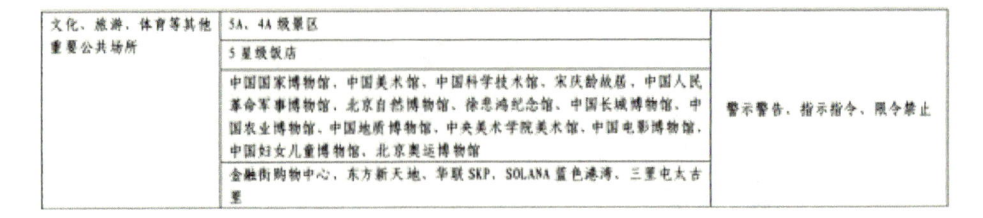

文化、旅游、体育等其他重要公共场所	5A、4A级景区	警示警告、指示指令、限令禁止
	5星级饭店	
	中国国家博物馆、中国美术馆、中国科学技术馆、宋庆龄故居、中国人民革命军事博物馆、北京自然博物馆、徐悲鸿纪念馆、中国长城博物馆、中国农业博物馆、中国地质博物馆、中央美术学院美术馆、中国电影博物馆、中国妇女儿童博物馆、北京奥运博物馆	
	金融街购物中心、东方新天地、华联SKP、SOLANA蓝色港湾、三里屯太古里	

图6 《北京市应当设置、使用外语标识的公共场所目录和信息种类》中的规定

图7 雍和宫警示警告类标识牌

雍和宫指示指令类标语主要包括雍和宫礼佛文明公约、赠香处燃香事项以及临时出口标识，其中只有燃香事项以双语呈现，其余均为单语（见图8）。雍和宫内礼佛公约集中在入口处和出口处，院内很少广泛分布。临时出口作为人流较为集中的地方，缺少英文标识，如果景区人流量大，游客可以跟随人流找到出口，但如果人流较小，就容易造成迷路的现象。因此这两处也有增加英文的必要性。

图8 雍和宫指示指令类标识牌

从限令禁止类标语来看，雍和宫此类标语丰富，分为游客止步、禁止吸烟（烟火）、禁止带电动自行车入内、禁止宠物入内等（见图9），共14个禁止类标语，可见雍和宫管理严格。其中有5个是关于防火类标语。由于雍和宫经常燃香且人流量大，在寺内多设置此类标语不但能警示游客遵守规定注意安全，而且体现出雍和宫安全和防火意识强。在双语对照方面，14个禁止类标语只有6个有双语对照，其余均是单语。根据北京市条例，在此类标语上增加英文注释，能够更加凸显雍和宫对安全管理的重视，也能使来该景区的外国游客意识到防火的重要性。

图9 雍和宫限令禁止类标识牌

由上述可知，雍和宫的指示指令类标语占比最低，在警示警告、指示指令、限令禁止三类标语中都有单语或者双语的呈现，但按照《北京市应当设置、使用外语标识的公共场所目录和信息种类》（2022版）的要求，雍和宫作为4A级景区，外国游客占比不低，应当把这三类标语全部设置为双语，以方便国外游客在没有指示牌的前提下自行游览。此外，在雍和宫检票入口处，社会主义核心价值观（24个字）的标语挂在中间，可见政治因素对语言景观的影响。

对于雍和宫几类标识语的英译概况，部分英译示例在条例中已经提到，但仍有部分没有标准，因此有标准的部分按照《公共场所中文标识英文译写规范 通则》（2021版）及《公共场所中文标识英文译写规范 第2部分文化旅游》（2021版）进行评判，没有标准的英译需要进行评判、补充，见表2。

表2　雍和宫标识语英译及条例对比

汉语表达	雍和宫英语表达	译写规范条例表达
身高1.2米以下免票	Free for children no taller than 1.2 meters	Free for children under 1.2 meters
临时出口	无（单语）	Temporary Exit
展室	inside	Exhibition room
开放时间	Opening time	Opening hours
戒台楼	Jietai Building	Jietai Tower
须知	Guide	Notice
东顺山楼	East Shunshan Building	East Shunshan Tower
西顺山楼	West Shunshan Building	West Shunshan Tower
门票	Ticket price	Tickets
半票/半价	Half price	Half price ticket
班禅楼	Panchen Building	Panchen Tower
燃香	incense	Burn incense
请勿燃香进殿	Don't burn incense in the hall	Don't burn incense inside
雷雨天	During thunderstorms	During thunderstorm
禁止乱扔垃圾	无（单语）	No litters
禁止宠物入内	无（单语）	No pets allowed
可回收垃圾	Recyclable waste	Recyclables
其他垃圾	Other waste	Non-recyclables
无障碍通道	Barrier-free access	Accessible Entrance or Barrier Free Entrance

针对"身高1.2米以下免票"，雍和宫英译"no taller than"描述身高以下标准是不礼貌的用法，有点嘲笑身高的意味；中文标识英文译写规范规定"楼"可以使用汉语音译，如确需用英文解释的，可译为"tower"；"须知"一词雍和宫译为"guide"，"guide"多译为"指导"，条例使用"notice"更能引人注意到这是重要的信息。两者相对比来说，大部分词汇条例英译更加适合景区语言环境，雍和宫部分标识语的英文译本虽与条例所译不同，但也不影

响游客理解，例如开放时间，"opening time"和"opening hours"都符合语境和条例。

对于寺内殿外讲解双语标识，特别是针对佛像的翻译，笔者以《中英佛教词典》[①]一书中的翻译词条为标准，尝试提出翻译建议，对讲解标识牌中漏译和翻译不恰当的地方进行重译（见表3）。大部分翻译均与书中对照，但个别翻译（永保护法像，格丹殿，南海龙王，喜饶僧格，释迦牟尼佛本生记）暂未找到译本。

表3 雍和宫标识语英译与笔者译文对比

汉语	雍和宫译文	笔者译文
建于	Construct	Build
清乾隆四十五年（班禅楼）	漏译"清乾隆四十五年"	In the forty-fifth year of Qing Emperor Qianlong's reign
藏传佛教艺术	Lamasery	Lamasery art
供奉的神像—东配殿	漏译神像翻译	Center: Vajrabhairava Southern side: Naraka Vasudhara Northern side: Lakshmi
东顺山楼（格丹殿）	漏译"格丹殿"	The Gelug of Tibetan Lamaism Hall
东顺山楼	漏译"原供奉格丹派祖师像，后将其请入绥成殿"	The ancestor of the Gelug was originally enshrined here, but it was later invited into the Suicheng Hall
观音洞	漏译两侧神像	Center: Avalokitesvara two sides: Nanhai Dragon King Sudhana Nagakanya
讲经殿	漏译两侧神像	Center: Tsonkhapa Northern side: Sitapata Southern side: Shyama Tara
建于	Built（前后翻译不一致）	Built

---

① 李培茱,陈观胜.中英佛教词典[M].北京：外文出版社,2005.

续表

汉语	雍和宫译文	笔者译文
清乾隆四十五年（戒台楼）	漏译"清乾隆四十五年"	In the forty-fifth year of Qing Emperor Qianlong's reign
密宗殿	漏译两侧神像	Center: Tsonkhapa Southern side: Ti shri ras pa Northern side: Manjushri
时轮殿	漏译两侧神像	Center: Tsonkhapa Nouthern side: Khedrup Je Southern side: Gyeltsab Je Center of the Hall: stereoscopic mandala model of Kalachakra
绥成殿（白伞盖殿）	漏译"白伞盖殿"	White Parasol Hall
万福阁	漏译"阁内一层供唐卡《释迦牟尼佛本生记》41幅，建庙初期阁内供奉近一万尊泥塑佛像，因'佛''福'发音近似，因此该殿得名万福阁"	On the first floor of the pavilion, there are 41 thangkas from the Murals of jatakas of Shakyamuni. In the early days of temple construction, nearly 10000 clay Buddha statues were enshrined in the pavilion. Due to the similar pronunciation of "fo" and "Fu", the temple was named Wanfuge Pavilion
西配殿	漏译两侧神像	Center: Standing Shakyamuni Budda Northern side: Mahasthamaprapta, Kshitigarbha, Akashagarbha, Samantabhadra Southern side: Manjusri, Avalokiteshvara, Sarvanivaraṇa-naviṣkambini, Maitreya
西顺山楼（天竺殿）	漏译"天竺殿和本殿现为寺院僧舍"	Hindu Hall This building is now a monastery for monks
延绥阁	漏译"称为开莲现阁"	a pavilion where there is a giant lotus that can rotate
药师殿	漏译两侧佛像和中央模型	Center: Tsonkhapa Southern side: Bhaishajyaguru Northern side: Amitayus Center of the Hall: stereoscopic mandala model of Bhaishajyaguru

续表

汉语	雍和宫译文	笔者译文
雍和门	省译"东方持国天王,手执琵琶;南方增长天王,手执宝剑;西方广目天王,手执水蛇;北方多闻天王,手执宝幢。殿后供奉韦驮护法像"	Dhritarashtra, holding a pipa in his hand; Virudhaka, wielding a sword; Virupaksha, holding the water snake; Vaishravana, Skanda is enshrined in the rear hall
昭佛楼	漏译"佛龛为金丝楠木雕制而成,刻有99条金龙"	Niche for a statue of Buddha is carved from golden phoebe and is adorned with 99 gold longs
钟楼	漏译明代铜钟	Bronze bell in Ming dynasty

雍和宫每个殿前都有相应的景点解释标识语,均为中(汉、满、藏)、英两种语言(四种文字),但还是出现了以下问题:"建于"一词前后翻译不一致,戒台楼、雅曼达嘎楼、班禅楼门前译为"construct",昭佛楼、绥成殿、永康阁等译为"build"(见图10)。笔者建议全部使用"build",因为"construct"表示编造、构想,"build"指建造这一动作,更符合景区语言景观已经建成并固定的语境。

图10 雅曼达嘎楼和昭佛楼中英标识牌

关于佛像翻译,有的殿坐落于中间和两侧的佛像都进行了英译,例如雅曼达嘎楼、绥成殿等。但有的殿只翻译了中间佛像,漏译两侧佛像,例如雍和门、东配殿等(见图11)。

有的殿前皇帝年号翻译为英文,例如昭佛楼标识牌上的"清康熙三十三年";有的则漏译,例如班禅楼标识牌上的"清乾隆四十五年"(见图12)。

图 11　东配殿中英标识牌

图 12　昭佛楼和班禅楼中英标识牌

对于有别称的殿，雍和宫只英译了它原本的名字，并没有翻译它的别称，例如绥成殿漏译"白伞盖殿"、西顺山楼漏译"天竺殿"等（见图 13）。别称也是该殿的特征之一，因此都进行英译易于目标语读者理解。

图 13　绥成殿和西顺山楼中英标识牌

此外，殿前文化解释语出现部分文化漏译情况。例如：延绥阁漏译别名（开莲现阁）；昭佛楼漏译其殿内佛龛特点和建筑文化；钟楼漏译它的朝代来源，由于钟楼建造于清乾隆时期，因此漏译易让读者理解为这是清代的钟，其实它来源于明代；西顺山楼漏译它目前在寺内的用处，即用作僧舍等（见

图14）。这些信息是有助于游客了解其殿内所供奉的佛像和建筑文化，因此应及时补充完整。针对雍和宫标识语英译的问题，后文将给出相应的建议。

图14　钟楼和西顺山楼中英标识牌

（三）体验维度问题

体验维度是站在标识牌使用者或游客的角度，对雍和宫语言景观持有肯定或否定的态度，以及是否能够完全理解和接受标识牌所传达的信息。首先，雍和宫公共交通方便，游客除了打车、自驾外，也可以乘坐地铁，在5号线雍和宫站下车，步行400米左右即可到达雍和宫的检票口。同样，从雍和宫出口处出来步行100米左右即可到达地铁口。其次，雍和宫游客大多数是中国人，也有部分外国人，因此除景点讲解和佛殿牌匾出现满文、汉字、藏文、蒙古文外，其余标识牌的设计是双语对照，有英文对照的标识牌大大方便了中外游客游览雍和宫。但标识牌仍然存在以下几个问题。

第一，地铁雍和宫站附近路标指示牌缺失。地铁的发展很大程度上方便了人们的出行，游客选择地铁出行也很普遍，所以做好地铁站附近与雍和宫相关的语言景观建设尤为重要。从地铁雍和宫站东南口出来以后，游客不能很好地辨别要走哪个方向，如果当天游览量很高，游客可以跟着人流走，可如果当天浏览人数较少，游客极有可能走到相反的方向，降低出行体验感。另外，从雍和宫出口出来后，可以看到地铁站东南口，可有时该口只允许出、不允许进，这或许是考虑到游客对流的问题，但会导致游客白白走到东南口。虽然雍和宫入口处的各种标识牌设计完善，但由于地铁站附近的游览设计不够周全，游客容易徒劳、费力，从而降低体验感。

第二，部分指示牌无英文对照。国家要求4A景区采用双语对照。在游览一个景点前，游客都希望看到这个景点的全貌，以便规划游览方案，所以总览图的设计不可忽视。在雍和宫赠香处前方，有一个雍和宫消防安全公示牌，可看作雍和宫导览图，但没有双语对照，且电子导览图也只有中文一种语言。雍和宫出口处的墙上贴着"临时出口"标识牌，给人很草率的感觉，且并没双语对照。雍和宫的消防柜上也标识牌只有汉语，且部分字体已经脱落，或许是考虑到消防柜只有工作人员才可以打开，所以没必要做成双语（见图15）。但必要的双语对照是不可缺少的，能够为传播中国文化、讲好中国故事锦上添花。

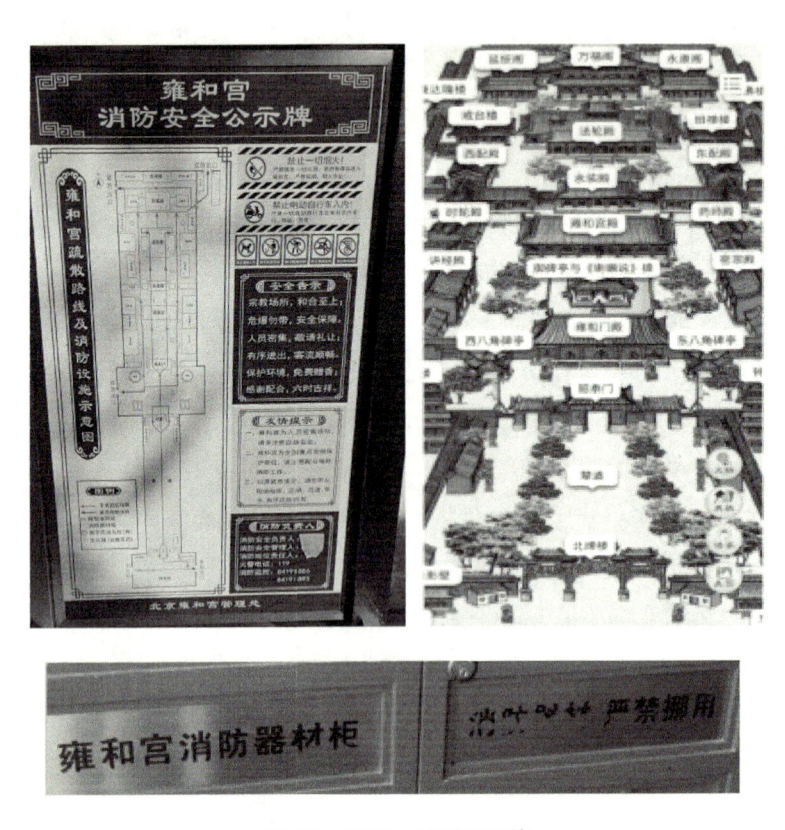

图 15　无英文对照标识牌

第三，景点讲解牌信息太笼统。这一点是所有问题中最急切需要解决的问题。不同群体和个人所受的教育不同，对公共空间的体验就会有差异。雍和宫的游客来自全国各地，做到既协调所有人的文化水平又不失宗教的严肃意味实在困难。如果一味地追求宗教距离感，景点讲解牌就会晦涩难懂；但如果只求大众可以看懂，又会缺少对佛像的尊敬。相关工作人员在撰写景点讲解牌时，也一定综合了各方面因素，才最终定稿，但不得不说，有些地方还需调整。雍和宫的景点讲解牌大部分都是按照大殿名称、建立时间、场所作用、供奉的佛像名这一框架设计的（见图16）。由于缺乏各个佛像事迹的介绍，游客对佛像的理解只停留于其名称和形象，体悟不到其中的文化意味。

图 16　信息笼统标识牌

（四）线上虚拟景观特点及英译问题

雍和宫官方网站特点鲜明，色彩搭配丰富，极具佛教特色，首页以雍和宫著名的建筑为背景，"雍和宫"三字以满、汉、蒙、藏四种文字呈现在页面的左上方，网站内容以一页纸的形式呈现，共分为8个版块。

第一，首页。首页分为精彩推荐、雍和时讯、开放服务及四季雍和，字体均为红色，醒目突出（见图17）。精彩推荐是一些以图片形式呈现的新发布的重要公告。雍和时讯则以文字呈现，主要涉及雍和宫接待保障、临时关闭、开放等。开放服务列出了旅游指南及雍和宫联系方式等。四季雍和是该景区网站特色版块，展示了雍和宫春夏秋冬四季的游览图和景色，体现雍和宫不但是一个佛家圣地，更是四季游览的好去处。同时，在首页右上方还有"顶礼佛法僧，三炷香为宜"的提示语。雍和宫作为佛家圣地，有很多禁忌是第一次游览时需要注意的，提示语体现着雍和宫的人文关怀。从语音特征上分析，雍和宫导航栏除政策法规和开放服务外，其余均是四字格，都是"雍和+名词"，一方面体现雍和宫的特点，另一方面读起来朗朗上口、听起来押韵；从词汇特征来看，每个版块下设的分版块除博物馆简介外，其余都是偏正结构；从字体特征上看，雍和宫网站涉及内容的字体均为宋体，突出版块（游客会经常浏览的）颜色突出，为砖红色。

图 17　雍和宫官网首页页面

第二，雍和概览。雍和概览版块包括雍和宫简介、寺院布局、殿堂佛尊和四季雍和4个分版块。雍和宫简介分版块图文并茂地讲述了雍和宫的发展历史和建筑文化，语言景观均为单语。寺院布局分版块有一张雍和宫平面导游图，将雍和宫每一个殿和楼用序号标出，上方为中文，下方相对应给出英文译本，但也出现两个问题：①此部分语言景观有37处，而英译只有32处，最后5处中文出现漏译，双语对照不完善；②"3.佛仓"和"32、卫生间"两处景观原文与译文不对应，官网上"佛仓"译为"toilet"，"卫生间"译为"The Residence of A Jia Rinpoche"，两处翻译出现错误。殿堂佛尊分版块呈现的是雍和宫彩色双语导览图，图中将中英译文对应并标注出来，英译没有出现错误，但缺少雍和宫内服务站点的标注，例如卫生间、法物流通处等（见图18）。四季雍和分版块展示了雍和宫春夏秋冬四季的景色。

图 18　雍和宫官网雍和概览版块

第三，雍和时讯。雍和时讯版块主要发布重大节日期间雍和宫的开放及接待公告（见图19）。此版块更新及时，语言均为单语呈现，和微信公众号推文保持一致，信息推送量较大。

图 19　雍和宫官网雍和时讯版块

第四，雍和佛事。雍和佛事版块包括佛教节庆、早课诵经、法物开光、祈福超度4个分版块。该部分主要讲解雍和宫佛事文化，语言均为单语，内容图文并茂。

第五，雍和文化。本版块讲述的是雍和宫的历史和当前雍和宫的发展，及其为中国和各民族团结、宗教信仰和社会和谐所做的贡献。雍和宫作为北京地区规模最大的藏传佛教寺院，寺内收藏着很多佛家经典，因此，这部分还有关于雍和宫所发表的学术期刊论文等学术和文化的详细研究，以及关于雍和宫的宣传形象片和佛学大师简介。其中，雍和宫形象片视频解说是中文，但字幕是日语。

第六，雍和博物。雍和宫早在1995年就已被北京市文物局正式登记注册为"雍和宫藏传佛教艺术博物馆"，集宗教场所、旅游景点、博物馆三种功能于一身。其馆藏文物主要包括古建筑、碑刻等不可移动文物和佛像、唐卡、法物法器等可移动文物。这一版块介绍了陈列展览、文艺收藏及非遗项目，可见雍和宫馆藏之丰富、地位之重要。

第七，政策法规。本版块列举了包括《北京市宗教事务条例》在内的8项寺庙管理办法（见图20），虽然均为单语，但完全可以看出该语言景观的单独设置受到中国对于宗教的管理办法和政治政策影响。

> 政策法规
> · 宗教活动场所财务管理办法
> · 北京市宗教事务条例
> · 藏传佛教教职人员资格认定办法
> · 宗教事务条例
> · 宗教团体管理办法
> · 藏传佛教活佛转世管理办法
> · 藏传佛教寺庙主要教职任职办法
> · 藏传佛教寺庙管理办法

图 20　雍和宫官网政策法规版块

第八，开放服务。本版块主要针对游客来访遇到的常见问题作出分类和解释，包括开放时间、导游服务、佛事服务、法物流通等。其中，导游服务分为线上和线下两种形式，线上可以使用微信小程序扫码选择导游服务，但仅限于中文讲解，若需外文讲解，需到线下选择中、英、德三种语言服务（见图21）。

> 雍和宫现有专业中、英、德三种语言导游员以及中文无线手机导览系统为游客提供导游服务。

图 21　雍和宫官网开放服务版块的导游服务页面

雍和宫线上语言景观还包括雍和宫官方微信公众号，其内容和官方网站中雍和时讯、开放服务等相对应。自微信公众号建立以来，其推文全部关于雍和宫开放及关闭公告、佛学大师圆寂等重大消息。微信公众号是雍和宫线上购票唯一方式及渠道，分为个人和旅行社两种（见图22）。美中不足的是服务语言全部为单语，这给外国游客的票务预订造成不便，因此希望未来服务类语言景观能够以双语能呈现。

> 开放时间及票价
> 购票须知
> 个人购票
> 旅行社购票
>
> 购票选择　订单管理　官方网站

图 22　雍和宫微信公众号服务页面

上述介绍了雍和宫虚拟语言景观现状，包括其微信公众号和官方网站。通过调研，笔者还发现了一些可以改进的地方。首先，网站雍和概览版块中寺院布局和殿堂佛尊两部分内容大体上重复，都是雍和宫概览图，也都以双语呈现，虽然其中有翻译错误的现象，但是大体布局上内容相似度高；其次，总体来说网站更新不及时，雍和佛事等版块的内容均是 2017 年编辑发布的，让社会无法了解到关于雍和宫的最新动态；再次，关于网站开放服务版块的导游服务，线上导游和网站文化及概览部分只使用单语，但线下导游为三语讲解，由此导致网站和线下导游和讲解语言不匹配的问题；最后，从网站所有内容来看，雍和宫作为 4A 级景区，且是北京地区集宗教场所、旅游景点、博物馆三种功能于一身的景区，除个别内容外，全部以汉语呈现，语种过于单一。

四、相关建议

（一）实体维度

在实体维度，线下语言景观主要面临两个问题：第一，雍和宫的景点讲解标牌材质反光；第二，卫生垃圾提示标牌和消防器械标牌字体出现掉落现象。

针对讲解牌反光的问题，可以参照故宫博物院的设计，以深色做底，浅色做字，且底牌选用完全不反光的材质。除此之外，景点讲解牌不一定非要放在每个大殿的门口两侧，既然用了反光材质，就需要避开阳光照射的地方，放在不影响游览的阴凉处。不过相比之下，还是参考故宫的设计为好。针对有些标牌上的字体出现掉落的现象，既然是长久使用的标牌，做成雕刻的可以更省心，无须过多担心阳光暴晒、雨水侵蚀、游客乱抠等不文明行为。如果无法更换材料，则需要工作人员勤检查，出现掉落即及时处理。针对官方网站上雍和概览版块寺院布局和殿堂佛尊两部分内容大体上重复的问题，其内容都是雍和宫概览图，内容布局相似度高。针对这一问题，笔者认为可以将两个概览图相互结合。将殿堂佛尊的游览图补充上卫生间、法物流通处、游客服务中心、开光处等常见地方，进行双语标注，并将寺院布局的游览图内容替换为关于重点佛堂的介绍，这不但能充实内容，而且便于游客在线上了解雍和宫殿堂。

（二）政治维度（语言景观英译建议）

针对上述部分提到的政治维度和政策规定，笔者将雍和宫语言景观和三种条例的标准进行对比，发现以下主要问题：①北京市条例要求4A级景区警示警告、指示指令、限令禁止三类标语应该进行英译，雍和宫语言景观没能达到全部进行英译，只有少量标识语进行英译；②按照条例标准来看，部分已经英译的标识语不符合景区的语言环境，需要修改；③对于没有条例标准的标识语，雍和宫出现了漏译、省译现象，导致理解存在困难或者偏差。针对上述问题，笔者提出以下建议：

首先，对于要求翻译但没翻译的标识语进行双语补充，补充翻译按照《公共场所中文标识英文译写规范 通则》（2021版）和《公共场所中文标识英文译写规范 第2部分文化旅游》（2021版）来进行。这些标识语包括佛殿牌匾、出口指示、卫生垃圾提示、景区服务、消防器械等方面。例如，"临时出口"译为"Temporary exit"，"禁止乱扔垃圾"译为"No litters"，"禁止宠物入内"译为"No pets allowed"等。

其次，对于已经英译但不符合条例标准的语言景观，应区别处理：游客服务类标语、警示警告等常见的不区分具体语境的标语，以条例作为标准进行修改；而佛像和殿堂的英译则要考虑雍和宫具体的语言环境，寻找佛经翻译的官方书籍并搜寻资料进行整理。

最后，对于雍和宫漏译且没有翻译标准的标识语，需要了解其在佛教经典和文化中的内涵并将翻译改进。雍和宫漏译的大多数是佛像的名称，而这类名称大多来源于梵文，并且名字长而抽象。因此雍和宫宣传处可将关于此佛像的佛经小故事用中、英双语简短讲述并标注，不必纠结于该佛像名称到底如何翻译，而是以有趣的方式讲述其中的文化和故事，这样对翻译的改进不仅能够保留原文意思，也能够增加文化内涵。去往雍和宫游览的人大多是信奉佛教的虔诚者，这样的形式可以使游客更了解佛教深刻的文化，增强游览的趣味性。此外，针对官网上雍和概览版块寺院布局部分个别翻译错误和漏译的现象，以政府条例和相关标准为依据进行修改，并填充到殿堂佛尊的导览图中。为清晰可见，译文修改前后对比见表4。

表 4　寺院布局导览图翻译前后概况

汉语	雍和宫网站翻译情况	修改后的翻译
佛仓	Toilet	The Residence of A Jia Rinpoche
卫生间	The Residence of A Jia Rinpoche	Toilet
法物流通处	漏译	Buddhist Items Store
售票处	漏译	Ticket Office
接待办	漏译	Reception
游客服务中心	漏译	Tourist Center
开光处	漏译	Inauguration

（三）体验维度

在体验维度，主要有以下三个问题：一是地铁雍和宫站附近路标指示牌缺失；二是部分指示牌无英文对照；三是景点讲解牌信息太笼统。针对这三个问题，提出以下修改建议：

首先，增加地铁站附近的指示牌，将去往雍和宫正门的指示牌放在地铁出口处，将去往地铁入口处的指示牌放在雍和宫的出口处。其次，将部分没有英文的标牌增加英语讲解，可以直接与中文的标牌放于一起，或者另外单独设一张英文对照版。最后，关于景点讲解牌的改进，由于雍和宫是一个宗教场所，所以相关文化不乏出现无法理解的情况，可以有三种解决方法。一是扩充文字，在现有标牌上扩充背景知识介绍，向游客普及相关文化知识。二是增加有关每个大殿的中英对照版电子讲解，如通过视频详尽地描述每座大殿内的故事，游客甚至可以将视频保存随时观看。三是印发中英对照版宣传册，把视频宣传转换成图文形式，游客可以边走边看，加深对每一处景点的印象。但这三种方式的核心都是以最有趣最生动形象的方式向游客介绍雍和宫的文化知识，用最轻松的方式使游客了解、接受雍和宫文化，避免走马观花。

至于线上语言景观，针对网站更新不及时的问题，雍和宫可以多收集近年来举办的佛事活动及展览信息，并及时上传到网站上，增加雍和宫的文化底蕴。然后，针对网站语言和线下导游和讲解语言不匹配的问题，考虑到三语设置的成本和佛教用语的翻译难度，雍和宫宣传处可以不将网站上的所有信息都设置成三语形式，但是对于最基础的殿堂佛尊版块内的雍和宫导览图以及游客服务这两大版块需要进行三语对应，以使线上线下讲解内容相匹配，同时方便外国游客进行网上购票，以及提前了解雍和宫文化，从而进行目的地景区的选择。而且，雍和宫作为4A级景区，且是北京地区集宗教场所、旅游景点、博物馆三种功能于一身的景区，网站除个别版块外，全部以汉语呈现，语种过于单一，应尽快丰富网站语言。最后，雍和宫的另一个"重头戏"就是它的文创产品——琉璃手串，在年轻人中非常流行。雍和宫网站可以新开辟出一个版块，专门用来介绍雍和宫琉璃手串的形状、来历、价值等，以吸引年轻人的目光，网站也能随着大众意愿进行与时俱进。

五、结论

雍和宫近年来热度不断上升，如何不错失此次机会，宣扬雍和宫文化和中国文化，是雍和宫相关工作人员和关注、喜爱雍和宫的普通群众值得思考的问题。让雍和宫始于烧香拜佛，但不停留于此，向前迈出更广阔的一步是此次调研的出发点。调研组通过实地观察、政策学习、文献阅读、小组讨论等多种方式，发现雍和宫现存问题，并对尚待解决的问题提出建议。利用Trumper-Hecht三维分析模型，在实体维度、政治维度、体验维度分别提出问题并给出建议。在实体维度，从细节出发，完善语言景观的实体功能，让雍和宫的每一处事物都赋予游客游览的能量；在政治维度，进一步完善相关规划、政策和条例；在体验维度，从游客思维出发，提升游客的认同感。

雍和宫的火爆可以归因于时代的红利，但也离不开相关部门的共同努力。希望此次调研能够为雍和宫香火绵延尽绵薄之力，助力提升雍和宫的形象，为雍和宫文化和中国文化的传承和传播锦上添花。

参考文献

［1］BACKHAUS P. Linguistic Landscapes: A of Urban Study Comparative Multilingualism in Tokyo Clevedon: Multilingual Matters, 2007.

［2］BACKHAUS P. Multilingualism in Tokyo : a look into the linguistic landscape [J]. International Journal of Multilingualism, 2006, 3（1）: 52–66.

［3］CENOZ J, GORTER D. Linguistic landscape as an additional source of input in second language acquisition [J]. IRAL, Revue internationale de linguistique appliquée à l'enseignement des langues, 2008, 46（4）: 257–276.

［4］COLLINS J, SLEMBROUCK S. Reading shop windows in globalised neighbourhoods : Multilingual literacy practices and indexicality[J]. Documents de travail sur la langue, le pouvoir et l'identité, 2004, 21（2）: 1–19.

［5］DARICS E. Introduction: Business communication in the digital age–Fresh perspectives[C]// DARICS. Digital Business Discourse. London: Palgrave Macmillan, 2015.

［6］IVKOVIC D, LOTHERINGTON H. Multilingualism in cyberspace: Conceptualising the virtual linguistic landscape [J]. International Journal of Multilingualism, 2009, 6（1）: 17–36.

［7］LADOUSA C. Advertising in the Periphery: Languages and Schools in a North Indian City[J]. Language in Society, 2002, 31（2）: 213–242.

［8］LANDRY R, BOURHIS R Y. Linguistic Landscape and Ethnolinguistic Vitality: An Empirical Study[J]. Journal of Language and Social Psychology, 1997（16）: 23–49.

［9］LANZA E H. Woldemariam. Language Ideology and Linguistic Landscape. Language Policy and Globalization in a Regional Capital of Ethiopia[J]. Linguistic Landscape: Expanding the Scenery, 2009: 189–205.

[10] MANAN S A, et al. The glocalization of English in the Pakistan linguistic landscape[J]. World Englishes, 2017（4）:645–665.

[11] SCOLLON R, SCOLLON S. Discourse in Place: Language in the Material World[M]. London: Routledge, 2003.

[12] SHOHAMY E, WAKSMAN S. Linguistic landscape as an ecological arena: Modalities, meanings, negotiations, education[M]//E SHOHAMY, D GORTER[M]// Linguistic Landscape: Expanding the Scenery. London: Routledge, 2009.

[13] TAPSCOTT D. he Digital Economy: Promise and Peril in the Age of Networked Intelligence[C]. New York: McGraw–Hill, 1996.

[14] TROYER R A. L'anglais dans le paysage linguistique thaïlandais[J]. World Englishes, 2012, 31（1）: 93–112.

[15] TRUMPER–HECHT N. Linguistic landscape in mixed cities in Israel from the perspective of "walkers": The case of Arabic[M]//SHOHAMY, ELANA, ELIEZER BEN–RAFAE, et al. Linguistic Landscape in the City. Bristol: Multilingual Matters. 2010: 235–251.

[16] ZHANG H, CHAN B H S. Translanguaging in multimodal Macao posters: Flexible versus separate multilingualism[J]. International Journal of Bilingualism, 2017, 21（1）: 34–56.

[17] 白丽梅. 语言景观研究的理论视角[N]. 中国社会科学报，2018-11-23.

[18] 边婷婷，晁亚若. 韩国语言景观中的汉字分布及其意义表征[J]. 语言与文化研究，2024，３２（1）: 8-11.

[19] 蔡继福. 谈上海市区的路名门牌[J]. 上海大学学报（社会科学版），1988（2）.

[20] 陈敏. 网站的虚拟语言景观研究[J]. 汉字文化，2022（18）: 10-12.

[21] 陈鹏. 当代中国语言产业发展的三次浪潮[J]. 语言战略研究，2017（5）: 20-28.

[22] 陈颖. 语言服务视角下城市国际语言环境建设研究[J]. 北华大学学报（社会科学版），2014（6）.

[23] 崔红，葛炜，陈一. 优化涉外医疗服务的思路对策：以浙江宁波为

例[J]. 特区经济，2013（6）.

［24］崔启亮，张航. 软件本地化翻译的文本特征与翻译策略[J]. 外语与翻译，2015（3）.

［25］崔启亮，郑丽萌. 语言服务行业发展与学科建设研究：基于京津冀协同发展的语言服务调查[J]. 外语电化教学，2021（5）.

［26］代丽丽，王丽，邹小青. 虚拟空间语言景观的特点与功能分析：以高校官网为例[J]. 视听，2021（2）：206-208.

［27］戴朝晖. 语言景观翻译中的超语实践探索：以上海旅游景观为例[J]. 上海翻译，2024，176（3）：31.

［28］戴宗显，吕和发. 公示语汉英翻译研究：以2012年奥运会主办城市伦敦为例[J]. 中国翻译，2005（6）：38-42.

［29］邓骁菲. 豫园商城和上海老街语言景观对比分析[J]. 现代语文（语言研究版），2015（10）：99-101.

［30］杜倩倩. 北京"两区"建设进展与政策效应研究[J]. 时代经贸，2022（9）：112-117.

［31］付文莉，白丽梅. 国内语言景观研究的CiteSpace分析（2005～2019）[J]. 云南师范大学学报（对外汉语教学与研究版），2020（3）：61-70.

［32］顾静文，卢燕雯. 关于提升上海国际医疗服务能力的建议[J]. 中国卫生资源，2015（5）.

［33］郭聪，杨承淑. 国际医疗语言服务的需求分析与人才培养[J]. 外国语言与文化，2020（2）：79-91.

［34］郭高攀. 语言景观文化的深度翻译探讨[J]. 安徽工业大学学报（社会科学版），2021（5）：57-60.

［35］郭书谏，沈骑. 智慧城市建设中的语言服务[J]. 语言战略研究，2021（3）.

［36］韩涛. 网络虚拟空间里的语言景观初探[J]. 汉字文化，2022（13）：181-184.

［37］何恩培，闫栗丽. 改革开放40年语言服务行业发展与展望[J]. 中国翻译，2019（1）.

［38］洪洁. 城市语言景观助力应急语言服务[N]. 中国社会科学报，2023-

01-03（3）.

［39］胡开宝，田绪军. 语言智能背景下MTI人才培养：挑战、对策与前景[J]. 外语界，2020（2）.

［40］黄斌兰，李亮，刘儒清. 区域性国际城市多语景观实态文化研究：以南宁市为例[J]. 广西民族大学学报（哲学社会科学版），2018，40（4）：120-125.

［41］黄利民. 泉州世界文化遗产景区语言景观的现状及微更新策略[J]. 厦门理工学院学报，2023（2）：81-89.

［42］黄奇帆，朱岩，邵平. 数字经济：内涵与路径[M]. 北京：中信出版集团，2022.

［43］江小涓，靳景. 数字技术提升经济效率：服务分工、产业协同和数实孪生[J]. 管理世界，2022（12）：9-25.

［44］李伯骐. 新闻传播的"自媒体时代"：一个虚幻的概念[EB/OL].（2013-12-16）[2024-03-02]. http：//media. people. com. cn/n/2013/1211/c372355-23812169. html

［45］李鼎一，倪士光，李紫薇，等. 深圳市涉外医疗服务存在的问题及政策建议：基于问卷法和访谈法的实地调研[J]. 领导科学论坛，2019（11）.

［46］李浩楠，胡江林，赵丹卿. 对标国际先进数字贸易规则 高标准推进中国自贸区建设[J]. 东北亚经济研究，2023（03）：106-120.

［47］李嘉美，韩建雨. 自贸试验区推进我国数字经济发展的路径研究[J]. 宏观经济管理，2022（7）：28-35.

［48］李丽生，夏娜. 少数民族地区城市语言景观中的语言使用状况：以丽江市古城区为例[J]. 语言战略研究，2017（2）：35-42.

［49］李培茱，陈观胜. 中英佛教词典[M]. 北京：外文出版社，2005.

［50］李贻. 语言景观研究法：对广州北京路的历时性调查[J]. 海外英语，2011（11）：300-301.

［51］李稳敏. 语言景观研究的可视化分析[J]. 外语教育研究，2020，8（4）：28-37.

［52］李现乐，龚余娟. 医疗行业语言服务调查研究[J]. 中国语言战略，2015（2）.

［53］李现乐. 语言服务研究的若干问题思考[J]. 云南师范大学学报（哲学社会科学版），2018（2）.

［54］李宇明. 数据时代与语言产业[J]. 山东师范大学（社会科学版），2020（5）：87-98.

［55］李宇明，屈哨兵. 关于粤港澳大湾区语言生活和语言服务的对话[J]. 广州大学学报（社会科学版），2023（1）：29-39.

［56］李宇明. 语言服务与语言产业[J]. 东方翻译，2016（4）.

［57］李宇明. 语言技术与语言生态[J]. 外语教学，2020（6）.

［58］李宇明. 城市语言规划问题[J]. 同济大学学报（社会科学版），2021（1）.

［59］李佐文，梁国杰. 语言智能学科的内涵与建设路径[J]. 外语电化教学，2022（5）：88-93.

［60］刘薇. 新型贸易背景下北京自贸区建设[J]. 企业管理，2022（4）：115-118.

［61］林元彪，张日培，孙晓先. 上海市语言文字应用能力及使用状况调查报告[J]. 语言政策与语言教育，2020（1）.

［62］刘剑. 殖民背景下大连的语言景观与身份认同[J]. 日语学习与研究，2024（1）：23-34.

［63］刘丽芬，刘秀娟，黄忠廉. 语言景观格局研察：以三亚为例门[J]. 中国外语，2021，18（6）：51-57.

［64］刘文瑶. 三维分析理论下的医院官方网站语言景观研究[D]. 武汉：武汉大学，2021.

［65］刘晓海，田列朋. 应急语言服务领域的语言资源建设与应用：以《疫情防控外语通》研发为例[J]. 云南师范大学学报（对外汉语教学与研究版），2020（4）.

［66］刘竹林，李梦雨. "讲好中国故事"视域下的医院场域语言景观译写调查[J]. 品位·经典，2021（5）.

［67］马莉莉，王喆. 数字自贸区建设的核心价值、关键障碍与突破路径[J]. 中州学刊，2022（8）：19-25.

［68］马琼烨. 新媒体技术变革对广告业与媒体集群关系的影响：以伦敦

Soho和北京CBD—定福庄国际传媒产业走廊为[J]. 中国有线电视，2021（8）：863-865.

［69］彭波，陈奇，曾莉雯. 国际贸易视角下加快北京"两区"建设的思考[J]. 科技智囊，2023，（3）：17-26.

［70］彭国跃. 上海南京路上语言景观的百年变迁：历史社会语言学个案研究[J]. 中国社会语言学，2015（1）：52-68.

［71］邱莹. 上饶市语言景观调查研究[J]. 语言文字应用，2016（3）.

［72］屈哨兵. 语言服务的概念系统[J]. 语言文字应用，2012（1）.

［73］单意. 国内语言景观研究综述：基于Cite Space的可视化图谱[J]. 新楚文化，2024（1）：84-87.

［74］尚国文，赵守辉. 语言景观的分析维度与理论构建[J]. 外国语（上海外国语大学学报），2014，37（6）.

［75］孙维美，饶萍. 中国丝绸博物馆语言景观调查研究[J]. 英文广场，2023（1）：53-57.

［76］国文，赵守辉. 语言景观研究的视角、理论与方法[J]. 外语教学与研究，2014（2）：214-224.

［77］沈骑，刘思琪. 数智时代语言规划研究的范式转换与方法创新[J]. 外语与外语教学，2022（6）：9-18，132.

［78］沈骑，陆珏璇. 全球城市外语能力指标体系构建[J]. 新疆师范大学学报（哲学社会科学版），2022（2）.

［79］沈骑，孙雨. 论城市语言景观的空间符号互动观[J]. 上海师范大学学报（哲学社会科学版），2023（6）：70-77.

［80］司显柱. 聚焦语言服务研究推动中国语言服务发展：全国语言服务研究学术社团成立大会暨首届学术研讨会综述[J]. 中国外语，2021（4）：105-107.

［81］孙浩峰. 体育赛事场地广告语言景观研究：以英格兰足球超级联赛为例[J]. 语言应用研究，2020（4）：92-100.

［82］孙利. 语言景观翻译的现状及其交际翻译策略[J]. 江西师范大学学报（哲学社会科学版），2009（6）：153-156.

［83］田飞洋，张维佳. 全球化社会语言学：语言景观研究的新理论：以

北京市学院路双语公示语为例[J]. 语言文字应用, 2014（2）: 38-45.

[84] 王陈欣, 余华, 王嘉卿. 语言景观的时间维度: 基于中国地方博物馆的田野调查[J]. 语言政策与语言教育, 2022（1）: 52-62.

[85] 王海兰. 城市公共语言服务的内涵与评估框架构建[J]. 云南师范大学学报（哲学社会科学版）, 2018（2）.

[86] 王红蕾. 融媒体环境下红色档案文化传播策略研究[D]. 哈尔滨: 黑龙江大学, 2023: 21-23.

[87] 王克非, 叶洪. 都市多语景观: 北京的多语生态考察与分析[J]. 语言政策与规划研究, 2016（1）: 10-26, 108.

[88] 王立非. 从语言服务大国迈向语言服务强国: 再论语言服务、语言服务学科、语言服务人才[J]. 北京第二外国语学院学报, 2021（1）.

[89] 王立非. 语言服产业论[M]. 北京: 外语教学与研究出版社, 2020.

[90] 王立非, 金钰珏. 国外商务语用研究新进展的可视化分析[J]. 山东外语教学, 2018（5）: 13-23.

[91] 王立非, 栗洁歆. 主动服务高质量发展, 加快建设中国特色"新文科语言学"[J]. 北京第二外国语学院学报, 2022（1）: 3-10.

[92] 王丽青. 大连旅游景区语言景观调查研究[D]. 大连: 辽宁师范大学, 2019.

[93] 王璐. 北京"两区"建设成果丰硕[J]. 投资北京, 2023（12）: 20-26.

[94] 王燕青, 杜倩倩, 赵福军, 等. 北京CBD发展之路回顾与解析[J]. 中国发展观察, 2019（5）: 48-56.

[95] 王振庆. 从最佳关联原则出发议作为语言景观的公示语的汉英翻译[J]. 齐齐哈尔师范高等专科学校学报, 2013（1）.

[96] 文秋芳. 国家语言治理能力建设70年: 回顾与展望[J]. 云南师范大学学报（哲学社会科学版）, 2019（5）: 30-40.

[97] 巫喜丽. 历史文化街区语言景观研究: 以广州市为例[D]. 长春: 吉林大学, 2023.

[98] 巫喜丽, 梁加丽. 语言景观治理的问题与路径[J]. 学术研究, 2022（11）: 54-58.

[99] 巫喜丽, 战菊. 我国城市语言景观治理的发展及优化[J]. 人民论坛,

2022（10）：69-71.

［100］习近平.实施国家大数据战略 加快建设数字中[EB/OL].（2017-12-09）[2024-03-01]. https：//baijiahao.baidu.com/s?id=1586288177396250778&wfr=spider&for=pc.

［101］奚雅云，邓春.长三角地区制造业门户网站语言景观现状与优化建议[J].宿州教育学院学报，2023（3）：124-128.

［102］夏萍，王一方，于文林，等.基于患者感知视角的中医医疗语言调查[J].中国社会医学杂志，2021（1）：61-64.

［103］胥会云.上海自贸区打造国家制度型开放示范区[J].宁波经济，2024（1）：14-15.

［104］徐婧. 110家跨国公司地区总部聚集北京CBD功能区[EB/OL].（2023-09-19）[2024-03-01]. https：//www.chinanews.com.cn/cj/2023/09-19/10080492.shtml.

［105］徐曼曼，李宇彤，李扬. 粤港澳大湾区医院门户网站语言服务状况[M]//屈哨兵.粤港澳大湾区语言生活状况报告（2021）.北京：商务印书馆，2021.

［106］杨立琴.保定市街道标牌的社会语言学分析：基于语言景观学的视角[J].保定学院学报，2018（6）.

［107］杨佳莹，耿小波，关然. 探索"金融+科技"数字金融市场商务区建设新模式[J].中国商论，2024（2）：141-144.

［108］杨荣华，孙鑫. 互动顺序视域下城市历史文化街区语言景观研究：以南京为例[J].外语电化教学，2018（6）：100-105.

［109］俞立平，胡甲滨.数字经济对设自贸区省市经济高质量发展的影响效应[J].现代经济探讨，2023（4）：1-14.

［110］俞玮奇. 上海城区公共领域语言生活状况调查：兼与长三角地区其他城市比较[J].语言文字应用，2014（4）：10-18.

［111］俞玮奇，马蔡宇. 上海浦东国际社区的语言生活调查研究：兼论社区语言规划[J].云南师范大学学报（哲学社会科学版），2018（6）.

［112］袁军.语言服务的概念界定[J].中国翻译，2014（1）.

［113］原明明. 潮汕海洋文化与汕头新侨批文物馆语言景观翻译[J].汕头

大学学报（人文社会科学版），2020（9）：41-46，95.

［114］袁毓林."人机对话—聊天机器人"与话语修辞[J]. 当代修辞学，2021（3）：1-13.

［115］张婧. 虚拟空间语言景观分析：以南昌门户网站为例[J]. 国际公关，2023,（8）：167-169.

［116］张天伟. 语言景观研究的新路径、新方法与理论进展[J]. 语言战略研究，2020（4）：48-60.

［117］张天伟，尚国文. 主持人语：语言景观研究的拓展与创新[J]. 语言战略研究，2020（4）.

［118］张遥，孙晟铭，王明悦. 北京自贸区建设中的数字贸易发展问题研究[J]. 中国商论，2023（11）：21-24.

［119］张媛媛，张斌华. 语言景观中的澳门多语状况[J]. 语言文字应用，2016（1）：45-54.

［120］张子烨. 中国城乡语言景观对比研究：以安徽合肥为例[D]. 厦门：集美大学，2019.

［121］赵湘. 公示语翻译研究综述[J]. 外语与外语教学，2006（12）：52-54.

［122］赵学清，刘洁琳. 澳门城市语言景观的多模态研究[J]. 陕西师范大学学报（哲学社会科学版），2022（6）：123-136.

［123］赵振华. 恭城瑶族博物馆语言景观译写与瑶族文化传播[J]. 桂林航天工业学院学报，2022（3），400-404.

［124］周晓春. 教育场域虚拟语言景观风貌多维阐析：以国内民族类高校官网为例[J]. 西南交通大学学报（社会科学版），2022（6）：36-44.

［125］周琰. 河南省文博领域语言景观翻译现状及对策研究[J]. 漯河职业技术学院学报，2023（2）：105-108.

［126］朱丹. 数字经济是北京社会经济发展的新引擎[J]. 中国国情国力，2021（8）：33-34.

［127］邹慧琦. 数字化背景下博物馆虚拟语言景观研究：以故宫博物院网站为例[J]. 大众文艺，2023（14）：105-107.